RESEARCH REPORT ON CHINA ELECTRIC
POWER ECONOMIC DEVELOPMENT

中国电力技术经济发展研究报告

2021

电力规划设计总院
水电水利规划设计总院 ◎ 编著

人民日报出版社
北 京

图书在版编目（CIP）数据

中国电力技术经济发展研究报告 .2021 / 电力规划设计总院 , 水电水利规划设计总院编著 . -- 北京 : 人民日报出版社 , 2022.1

ISBN 978-7-5115-7217-2

Ⅰ.①中… Ⅱ.①电… ②水… Ⅲ.①电力工业－技术经济－经济发展－研究报告－中国－ 2021 Ⅳ.① F426.61

中国版本图书馆 CIP 数据核字 (2021) 第 258186 号

书　　　名：**中国电力技术经济发展研究报告 . 2021**
ZHONGGUO DIANLI JISHUJINGJIFAZHAN
YANJIUBAOGAO.2021
编　　　著：电力规划设计总院 , 水电水利规划设计总院

出 版 人：刘华新
责任编辑：周海燕
装帧设计：元泰书装

出版发行：人民日报出版社
社　　址：北京金台西路 2 号
邮政编码：100733
发行热线：(010) 65369509 65369512 65363531 65363528
邮购热线：(010) 65369530 65363527
编辑热线：(010) 65369518
网　　址：www.peopledailypress.com
经　　销：新华书店
印　　刷：北京领先印刷有限公司
法律顾问：北京科宇律师事务所 010-83622312

开　　本：889mm×1194mm　　　1/16
字　　数：230 千字
印　　张：9.75
版　　次：2022 年 1 月第 1 版
印　　次：2022 年 1 月第 1 次印刷

书　　号：ISBN 978-7-5115-7217-2
定　　价：172.00 元

主　　编	杜忠明
执行主编	张　健　王忠耀　刘　庆　郭建欣
	贺　瑞　殷许生
技术顾问	吕世森　姜士宏　李喜来　刘世宇
	刘志铎　李永双　项力恒
编写人员	杨　健　冉　巍　王善春　王　建
	王　睿　饶　娆　宋　广　王　源
	李宏宇　董鹤云　宋宗耘　罗开颜
	刘春高　郑保军　张会娟　陈达鹏
	周天睿　叶子菀　张　力　雷小兰
	唐易木　杨庆学　左宏斌　姜　楠
	李园园　于　超　梁　剑　李　丰
	王　帅　吴　静　张慧琳

前 言

"十三五"期间，我国能源电力发展成就显著，供应能力稳步增长，能源结构不断改善，电能占比不断提升，节能减排取得成效。作为"十三五"收官之年，2020 年我国电力投资呈现稳步增长、结构优化等重要特点，电力工业绿色低碳转型成效显著，非化石能源装机占全国发电总装机的 45%。2020 年全国电力投资超万亿，其中主要发电企业电源工程建设完成投资 5244 亿元，主要电力企业电网工程建设完成投资 4896 亿元。

当前，新冠肺炎的冲击与影响仍在持续，世界政治、经济格局动荡变革，能源供求关系深刻变化，原材料价格波动加大。为了积极应对气候变化和实现可持续发展，发展清洁能源、降低碳排放已经成为国际社会的普遍共识。我国提出力争 2030 年实现碳达峰、2060 年实现碳中和的目标，这是以习近平同志为核心的党中央经过深思熟虑作出的重大战略决策。"十四五"规划提出要推进能源革命，建设清洁低碳、安全高效的能源体系，提高能源供给保障能力。2021 年以来，国家出台多项电价相关政策，加快推进电力体制市场化改革，保障电力安全稳定供应，推动构建新型电力系统。"双碳"目标下，深入分析、研究我国电力行业低碳转型的技术经济问题，把握电力行业工程经济、产业运行的总体规律，对推动新型电力系统的建设、加快电力工业绿色低碳转型、促进国民经济高质量发展具有重要意义。

《中国电力技术经济发展研究报告 2021》（以下简称《报告》）由电力规划设计总院、水电水利规划设计总院联合编制，是研究电力工业技术领域的经济问题和经济规律、反映年度电力技术经济行业发展状况的综合性读物。

《报告》分为四个主要篇章，从电力发展、电力工程造价、电力价格、经济分析等多个方面、多个维度，对当前电力技术经济发展的重要领域进行全面梳理、综合归纳、重点研究。以国家和电力行业统计数据为依据，通过丰富的资料、准确的数据、详细的分析，力求客观、全面地反映当前电力行业技术经济发展变化的全貌，旨在成为电力工程经济、电力产业经济的行业蓝皮书与参考手册。

我们真诚地希望，《报告》能够为相关政府能源主管部门、能源企业、金融机构提供参考，为电力技术经济从业人员和关心电力经济发展的读者提供一部实用性文献。

本报告在编写过程中，得到了能源主管部门、相关企业、机构和行业知名专家的大力支持和指导，在此谨致衷心的谢意。因经验有限，《报告》难免有疏漏之处，恳请读者批评指正。

《中国电力技术经济发展研究报告 2021》编写组

2021 年 10 月

目 录
CONTENTS

第一篇

综合篇

第1章 电力发展综述

1.1 需求分析

2020 年，在国际形势严峻复杂、新冠肺炎疫情冲击和上年度用电量基数较高等因素共同作用下，全社会用电量达到 7.5 万亿千瓦时，同比增长 3.1%，增速较 2019 年下降了 1.4 个百分点。分季度看，受新冠肺炎疫情影响，全社会用电量第一季度出现负增长；在全面复工复产的带动下，第二季度用电量增速回正；随着经济运行持续稳定恢复，第三、第四季度全社会用电量保持刚性增长。一、二、三、四季度全社会用电同比增速分别为 −6.5%、3.9%、5.8% 和 8.1%。2021 年 1—10 月，全社会用电量累计 6.8 万亿千瓦时，同比增长 12.2%，较 2019 年同期增长 15.2%，两年平均增长 7.3%。其中第一产业用电量 841 亿千瓦时，同比增长 18.4%；第二产业用电量 45490 亿千瓦时，同比增长 11.3%；第三产业用电量 11949 亿千瓦时，同比增长 20.0%；城乡居民生活用电量 9974 亿千瓦时，同比增长 7.4%。

2020 年，山东、广东、江苏、浙江、河北 5 省用电量分列全国前五位，这 5 省用电量合计 29003 亿千瓦时，合计用电占比与上年基本持平，为 38.6%。2020 年，受新冠肺炎疫情影响，全国大部分省（区、市）用电增速有所下滑，湖北、宁夏、北京、天津 4 省（市）用电量出现负增长。其中，湖北用电增速为 −3.2%，较 2019 年下降了 10.1 个百分点，下降幅度最大；宁夏用电增速为 −4.2%，较 2019 年下降了 6.0 个百分点；北京用电增速为 −2.3%，较 2019 年下降了 4.4 个百分点；天津用电增速为 −0.4%，较 2019 年下降了 3.2 个百分点。广东、浙江、江苏、山东等东部省份的用电增速也有所滑落，用电增速较 2019 年分别下降 2.5、1.2、0.5、0.4 个百分点。甘肃、青海、云南、河南、四川、上海 6 省（市）用电增速超过上一年同期水平。其中，甘肃用电增速为 6.8%，较 2019 年提高了 6.9 个百分点；青海用电增速为 3.6%，较 2019 年提高了 6.5 个百分点；云南用电增速为 11.8%，较 2019 年提高了 3.9 个百分点；河南用电增速为 0.8%，较 2019 年提高了 2.4 个百分点；四川用电增速为 8.7%，较 2019 年提高了 1.5 个百分点；上海用电增速为 0.5%，较 2019 年提高了 0.3 个百分点。

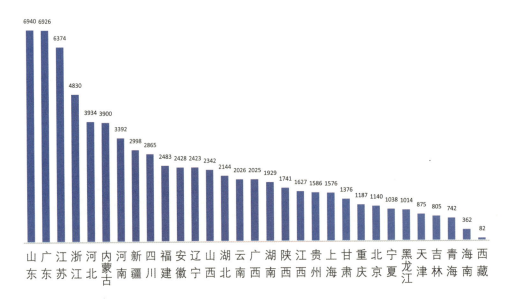

a 2020 年全国分地区用电量（亿千瓦时）

b 2020 年全国分地区用电量增速（%）

图 1-1 2020 年全国分地区用电量（亿千瓦时）（a）及增速（%）（b）

数据来源：《电力工业统计资料汇编》（2020 统计快报）

2020 年，随着经济结构的深入调整，用电结构持续优化，逐步由二产用电向三产和居民生活用电转移。2020 年，全社会用电结构为 1.1：68.2 ： 16.1：14.6，居民生活用电比重提高 0.4 个百分点，第二产业用电下降 0.1 个百分点，受新冠肺炎疫情影响，线下批发零售、住宿、餐饮等行业受到一定冲击，使第三产业用电比重下降 0.3 个百分点。

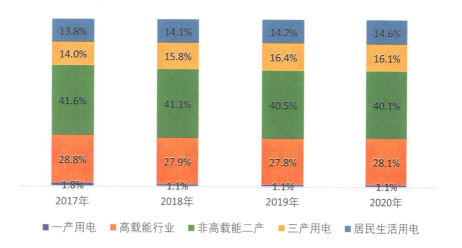

图 1-2 2017~2020 年全社会用电结构

数据来源：《电力工业统计资料汇编》（2020 统计快报）

1.2 电源发展

1.2.1 火电

2020 年我国煤电装机容量达到 107992 万千瓦，占我国电源总装机容量的 49.1%。新增煤电装机容量 3529 万千瓦，同比增速达 3.8%。

图 1-3 2017~2020 年我国煤电装机及发电量变化

数据来源：《电力工业统计资料汇编》（2017、2018、2019、2020 统计快报）

我国气电截至 2020 年底总装机容量为 9802 万千瓦,占我国电源总装机容量的 4.5%,同比增长 8.6%,增速有所回升。2020 年气电发电量为 2485 亿千瓦时,同比增长 6.9%,占我国发电量的 3.3%。受气源、气价等因素制约,新增投产项目仍主要集中在经济较发达地区。

图 1-4　2017~2020 年我国气电装机容量及发电量同比变化

数据来源:《电力工业统计资料汇编》(2017、2018、2019、2020 统计快报)

1.2.2　水电

截至 2020 年底,我国常规水电装机容量为 33867 万千瓦,约占我国电源总装机容量的 15.4%,占非化石电源装机容量的 34.4%。2020 年,我国常规水电发电量为 13218 亿千瓦时,约占我国电源总发电量的 17.3%,占非化石电源发电量的 51.2%。2020 年,受来水偏丰及弃水问题大幅缓解的影响,我国水电利用小时达到 3827 小时,同比增加 130 小时。2020 年,全国主要流域弃水电量约 301 亿千瓦时,较去年同期减少 46 亿千瓦时。

图 1-5　2017~2020 年我国常规水电装机容量及发电量同比变化

数据来源:《电力工业统计资料汇编》(2017、2018、2019、2020 统计快报)

1.2.3 核电

截至 2020 年底，我国在运核电机组 48 台，总装机容量达到 4989 万千瓦，同比增长 2.4%，占我国电源总装机容量的 2.3%，占我国非化石电源装机容量的 5.2%。2020 年，核电发电量为 3662 亿千瓦时，占我国电源总发电量的 4.8%，占非化石电源发电量的 15.0%。2019 年平均年利用小时数为 7453 小时，同比增加 59 小时，连续四年稳步抬升。

图 1-6 2017~2020 年我国核电装机容量及发电量同比变化

数据来源：《电力工业统计资料汇编》（2017、2018、2019、2020 统计快报）

1.2.4 风电

2020 年，受陆上风电补贴退坡政策的影响，全国风电迎来抢装潮，新增并网装机容量达到 7148 万千瓦，同比增长 34%。截至 2020 年底，累计并网风电装机容量达到 28153 万千瓦，占全国电源总装机容量的 12.8%，占非化石电源装机容量的 28.6%。其中，海上风电新增并网装机容量达到 307 万千瓦，同比增加 55%；累计并网装机容量达到 900 万千瓦，同比增加 51.8%，呈现高速发展态势。

图 1-7 2017~2020 年我国风电装机容量及发电量同比变化

数据来源：《电力工业统计资料汇编》（2017、2018、2019、2020 统计快报）

2020 年，全国风电平均利用小时数达 2073 小时，与上年基本持平；全年风电发电量达到 4665 亿千瓦时，同比增长 15.0%，占全国总发电量的 6.1%，占非化石电源发电量的 18.1%。2020 年，我国风电发电量同比增加 608 亿千瓦时，占非化石电源发电量增量的比重为 32.1%。2020 年，全国弃风电量合计 166 亿千瓦时，同比减少 3 亿千瓦时；平均弃风率为 3.5%，同比下降 0.5 个百分点。新疆风电利用率 89.7%，同比提升 3.7 个百分点，是全国唯一风电利用率低于 90% 的地区。甘肃、内蒙古风电利用率分别为 93.6% 和 93.0%，分别同比提升 1.3、1.9 个百分点。

图 1-8　2017~2020 年我国弃风电量及弃风率

数据来源：国家能源局

图 1-9　2020 年我国分地区弃风电量及弃风率

数据来源：国家能源局

1.2.5 光伏

2020 年，我国光伏发电新增并网装机容量达到 4912 万千瓦，较上年度增长 24.0%。截至 2020 年底，我国光伏装机容量为 25343 万千瓦，同比增长 24.0%，占全国电源总装机容量的 11.5%，占非化石电源装机容量的 25.7%。

图 1-10 2017~2020 年我国光伏装机容量及发电量

数据来源：《电力工业统计资料汇编》（2017、2018、2019、2020 统计快报）

2020 年，我国光伏平均利用小时数为 1160 小时，同比基本持平；全年光伏发电量为 2611 亿千瓦时，同比增长 16.4%，占全国总发电量的 3.4%，占非化石电源发电量的 10.1%。全国弃光电量合计 52.6 亿千瓦时，同比增加 6.9 亿千瓦时；平均弃风率 2.0%，与 2019 年基本持平，处于较低水平。全国弃光主要集中在西北和华北地区，弃光电量占全国的 97%。

图 1-11 2017~2020 年我国弃光电量及弃光率

数据来源：国家能源局

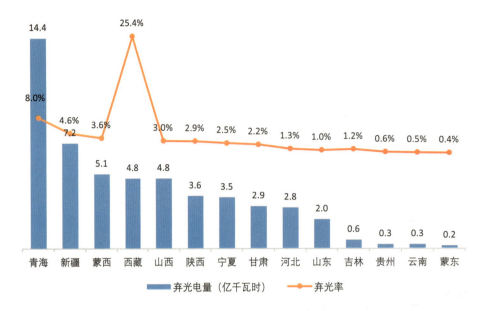

图 1-12　2020 年我国分地区弃光电量及弃光率

数据来源：国家能源局

1.2.6　光热

2016 年 9 月，国家能源局印发《关于建设太阳能热发电示范项目的通知》，下达了首批示范项目共计 20 个，总装机容量达 134.9 万千瓦。截至 2020 年底，首批示范项目共计建成 7 个，总装机容量达 45 万千瓦。此外，约 7 万千瓦其他类型的光热项目已建成并网，主要包括多能互补示范项目中的光热发电项目以及首批示范项目的先导性项目。全国目前共建成光热发电项目约 52 万千瓦。

2020 年新建并网光热发电项目 1 个，装机容量 10 万千瓦，为内蒙古中核龙腾乌拉特中旗导热油槽式光热发电项目。

1.3　电网发展

截至 2020 年底，全国 220 千伏及以上输电线路长度达 79.4 万公里，同比增长 4.6%，较 2019 年上升约 0.5 个百分点，其中，交流线路 74.8 万公里，直流线路 4.6 万公里。220 千伏及以上变电设备容量为 45.3 亿千伏安，同比增长 4.9%，其中，交流变电设备容量为 41.0 亿千伏安，直流换流容量为 4.3 亿千瓦。

2020 年，全国新增 220 千伏及以上交流输电线路 3.1 万公里，其中 220 千伏线路 18768 公里，占 61.4%；330 千伏线路 1566 公里，占 5.1%；500 千伏线路 7424 公里，占 24.3%；750 千伏线路

1090公里，占3.6%；1000千伏线路1736公里，占5.8%。新增220千伏及以上变电容量2.2亿千伏安，其中220千伏变电容量9275万千伏安，占44.6%；330千伏变电容量1098万千伏安，占4.9%；500千伏变电容量8255万千伏安，占37.0%；750千伏变电容量1860万千伏安，占8.3%；1000千伏变电容量1800万千伏安，占8.1%。

图 1-13 我国输电网建设情况

数据来源：《电力工业统计资料汇编》（2020 统计快报）

1.4 供需形势

2020 年，在国际形势严峻复杂、新冠肺炎疫情严重冲击的情况下，党中央决策部署抗疫和"六稳""六保"工作任务，带领全党全国取得统筹疫情防控和经济社会发展的重大战略成果，率先控制住疫情，率先恢复经济正增长，带动我国全社会用电量刚性增长。疫情防控期间电力供应充足可靠，为疫情防控和社会经济发展提供了坚强的电力保障。2020 年全国电力供需总体平衡，部分地区电力供需宽松，局部地区用电高峰时段出现电力供应偏紧的情况。

其中，华北地区电力供需总体平衡，山西存在电力冗余，迎峰度冬期间，蒙西电网延续上年电力供需偏紧形势。东北地区电力供应宽松。西北地区电力供应宽松。华东地区电力供需总体平衡。华中地区电力供应偏紧。迎峰度夏期间，湖南、四川存在一定电力供需偏紧的情况，江西延续上年电力供需偏紧形势；迎峰度冬期间，湖南再次出现电力供需偏紧的情况。南方地区电力供需总体平衡。迎峰度冬期间，广西、广东出现一定电力供需偏紧的情况。

第 2 章　电力投资情况

2.1　投资规模

2020 年全国电力投资超万亿，其中主要发电企业电源工程建设完成投资 5244 亿元，主要电力企业电网工程建设完成投资 4896 亿元。

2.1.1　电源投资

随着我国能源结构低碳转型的大力推进，发电企业加大水电、风电、光伏等清洁能源发电投资力度，2020 年全国主要发电企业电源工程建设完成投资 5244 亿元，较 2019 年增加 1184 亿元，增长幅度为 29.2%。其中，水电增幅为 19%，风电增幅为 70.6%，火电降幅为 27.3%，核电降幅为 22.6%[①]。2011~2020 年电源工程建设完成投资及增速情况如图 2-1 所示。2020 年电源工程投资增速水平较 2019 年有所趋缓，但仍维持在较高水平。

2020 年全国发电新增生产能力（正式投产）达 19087 万千瓦，比上年增加 8587 万千瓦，增速较 2019 年明显提升。在碳达峰、碳中和目标下，电源侧低碳转型快速发展，新能源发电工程装机容量占比显著提高。2020 年新增非化石能源发电装机容量为 13310 万千瓦，其中，新能源（风电和太阳能发电）11987 万千瓦，占新增装机比重的 62.8%。2011~2020 年全国新增发电装机容量如图 2-2 所示。

---

① 数据来源：全国电力工业统计快报（2020）。

图 2-1　2011~2020 年电源工程建设完成投资及增速情况

数据来源：全国电力工业统计快报（2020）

图 2-2　2011~2020 年全国新增发电装机容量

数据来源：全国电力工业统计快报（2020）

2.1.2　电网投资

2020 年，全国主要电力企业电网工程建设完成投资 4896 亿元，比上一年减少 116 亿元，同比下降 2.3%。全国基建新增 220 千伏及以上输电线路长度和变电设备容量分别为 3.5 万千米和 2.2 亿千伏安，分别比上年少投产 883 千米和 1526 万千伏安。2011~2020 年全国电网投资及增速如图 2-3 所示。

图 2-3 2011~2020 年全国电网投资及增速

数据来源：全国电力工业统计快报（2020）

2.2 国际工程建设与投资

2.2.1 电力对外投资

2020 年，中国主要电力企业对外直接投资项目共 32 个，投资金额达 78.5 亿美元，比上年上升 84.3%[①]，项目主要涉及火电、新能源、水电、输变电、矿产资源及储能领域等。

2.2.2 对外承包工程市场开拓

（1）中国电力企业国际承包影响力

2021 年，中国电力企业对外承包建设实力显著增长，国际影响力大幅度提升。根据美国《工程新闻记录》（ENR）公布的 2021 年度全球最大 250 家国际承包商排名，共有 78 家中国企业承包商入围，较 2020 年增加 4 家。其中，中国电力企业上榜 12 家，数量较 2020 年增加 1 家，大部分上榜企业排名较上年有所提升。

2019~2021 年度全球承包商 250 强榜单上榜中国电力企业排名如表 2-1 所示。

---

① 数据来源：中电联 2020 年度统计数据。

表2-1 入选2021年全球最大250家国际承包商的中国电力企业排名

序号	单位名称	2021年度排名	2020年度排名	2019年度排名
1	中国电力建设集团有限公司	7	7	7
2	中国能源建设股份有限公司	21	15	23
3	上海电气集团股份有限公司	51	160	——
4	中国中原对外工程有限公司	55	70	75
5	中国电力技术装备有限公司	73	111	101
6	哈尔滨电气国际工程有限责任公司	78	95	81
7	中国水利电力对外有限公司	89	97	78
8	特变电工股份有限公司	111	93	80
9	中国东方电气集团有限公司	123	123	83
10	江西省水利水电建设有限公司	132	143	158
11	西安西电国际工程有限责任公司	167	——	——
12	中国成套设备进出口集团有限公司	172	148	——

（2）中国电力企业参与境外项目情况

2020年，中国电力行业企业跟踪参与323个境外电力项目，估算总金额达479.1亿美元，实现签约境外电力项目536个，较去年同期（下同）下降4.8%，项目合同总额约为440.7亿美元，下降6.7%，签约发电装机容量约4933.3万千瓦。①

据机电商会统计，2020年，中国电力企业在"一带一路"沿线国家市场签约电力项目314个，占全部签约项目数的58.6%，项目金额为318.8亿美元，回落1.2%，占全部签约项目总金额的72.4%。在RCEP区域国家签约项目174个，项目金额为169.8亿美元，占全部签约项目总金额的38.5%。

据海关统计，2020年我国重点电力设备（包括汽轮机、发电机、锅炉、线缆、变压器等41种重点电力设备，不含光伏设备和核电设备）出口额约为138.0亿美元，小幅回调0.4%。同期，对"一带一路"沿线国家出口重点电力设备金额63.2亿美元，占对全球出口重点电力设备总金额的45.8%，增长幅度为4.9%。

① 数据来源：中国机电产品进出口商会统计数据。

第二篇

电力造价篇

第3章 电力工程造价分析

3.1 电力工程设计概算造价

3.1.1 燃煤发电工程

依据 2020 年度火电工程初步设计及施工图资料，采用国家能源局 2019 年 11 月发布的《火力发电工程建设预算编制与计算规定》《电力建设工程概算定额》（2018 年版）以及 2020 年设备、材料（北京地区）价格，电力规划设计总院编制了火力发电厂工程限额设计参考造价指标（2020年水平）。

3.1.1.1 造价总体情况

2020 年燃煤发电工程 2×350MW 和 2×660MW 机组，较 2019 年水平均有小幅上涨，涨幅在 1%~1.6%，主要原因是汽水管道和钢材价格上涨，2×1000MW 机组与 2019 年水平基本持平，与 2019 年相比情况见表 3-1 和图 3-1。

表 3-1 燃煤机组工程限额设计指标 单位：元/kW

机组类型	建设性质	2019	2020	变化率
2×350MW 超临界供热	新建	4166	4211	1.06%
	扩建	3526	3574	1.37%
2×660MW 超超临界	新建	3588	3636	1.36%
	扩建	3069	3119	1.61%
2×1000MW 超超临界	新建	3306	3309	0.10%
	扩建	3026	3022	−0.14%

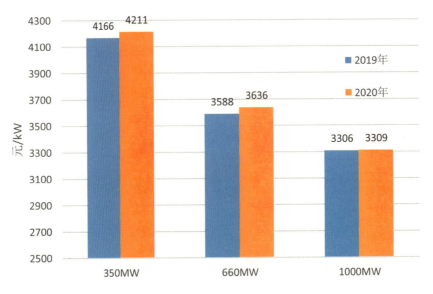

图 3-1　燃煤机组工程限额设计指标新建工程造价对比

从限额设计造价指标的变化情况也可以看出燃煤机组近些年的投资变化情况，自 2009 年至 2020 年水平的燃煤机组工程限额设计指标新建工程造价变化趋势如图 3-2 所示。

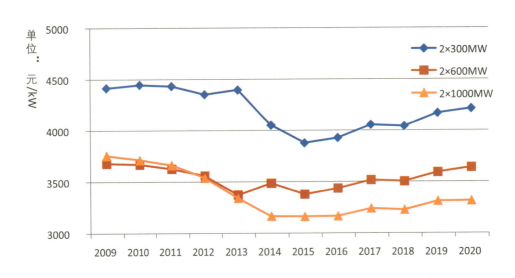

图 3-2　2009~2020 年燃煤机组工程限额设计指标新建工程造价

从图中可以看到，300MW 级机组 2009 至 2013 年度造价基本稳定；2014 年和 2015 年度因基本方案由 300MW 亚临界机组改为 350MW 超临界机组，造价下降明显；2016~2018 年度由于增设低温省煤器、采用超低排放技术以及钢材价格上涨，造价有所增加；2019~2020 年因采用 2018 年版预规和定额，且主要设备及材料价格上涨，造价有所上升。

600MW 级机组 2009 至 2013 年度造价逐年下降；2014 年度因设备价格上涨导致造价有所上升；

2015 年度造价又回落至 2013 年水平；2016~2018 年度由于锅炉改为紧身封闭、增设低温省煤器、采用超低排放技术以及钢材价格上涨，造价有所增加；2019~2020 年因采用 2018 年版预规和定额，且主要设备及材料价格上涨，造价有所上升。

1000MW 级机组 2009 至 2014 年度造价逐年下降，2014 年度至 2016 年保持基本稳定，其中 2016 年锅炉价格降低、汽动给水泵组价格降低、高压厂用变压器调整为一台且单价降低、四大管道及其他安装材料单价降低等降价因素，基本抵消采用超低排放技术、增设封闭煤场消防炮、钢材价格上涨等涨价因素，从而 2016 年同比价格保持稳定。2017~2018 年度由于钢材价格上涨等因素，造价有所增加，2019~2020 年因采用 2018 年版预规和定额，且主要设备及材料价格上涨，造价有所上升。

3.1.1.2 主设备价格变化

2020 年燃煤发电工程主设备价格相对 2019 年的变化情况如下表所示，其中锅炉和汽轮机价格出现了一定幅度的下降，发电机价格保持稳定。

表 3-2　2019~2020 年锅炉、汽轮机、发电机价格变化表　　　　　　单位：万元

设备名称	350MW 超临界供热			660MW 超超临界			1000MW 超超临界		
	2019	2020	幅度	2019	2020	幅度	2019	2020	幅度
锅炉	13000	12670	−2.54%	31000	28000	−9.68%	56500	52500	−7.08%
汽机	6450	6250	−3.10%	15900	15000	−5.66%	19800	18500	−6.57%
发电机	4150	4150	−	7300	7300	−	12150	12150	−

3.1.1.3 建筑、安装工程费用变化

主要建筑工程材料价格变化如表 3-3 所示，其中 2020 年较 2019 年钢材价格有所上涨，水泥价格有所下降，木材价格基本持平。

表 3-3　主要建筑工程材料价格变化表

材料名称	单位	2019 年 参考含税价	2020 年 参考含税价	变化幅度
钢筋	元 /t	3708	4150	11.92%
型钢	元 /t	3562	4252	19.37%
钢板	元 /t	3690	4491	21.71%
水泥	元 /t	531	451	−15.07%
木材	元 /t	1897	1897	—

安装工程主要材料价格变化（以限额 600MW 级机组为例）如下表所示。2020 年四大管道、中低压给水管道、烟风煤管道和电缆价格均较 2019 年有小幅度上升。

表 3-4　2019~2020 年主要安装工程材料价格变化表

材料名称	单位	2019 年		2020 年		变化幅度	
		超临界	超超临界	超临界	超超临界	超临界	超超临界
主蒸汽管道 P91	元 /t	67838	70071	69247	71259	2.08%	1.70%
再热热段管道（P22/P91/P92）	元 /t	70735	74727	72124	75873	1.96%	1.53%
再热冷段管道	元 /t	20864	34519	21310	35257	2.14%	2.14%
主给水管道	元 /t	37578	49611	38155	50373	1.54%	1.54%
中低压给水管道	元 /t	17535		17691		0.89%	
烟道	元 /t	7693		7790		1.26%	
热风道	元 /t	7923		8043		1.51%	
冷风道	元 /t	7619		7823		2.68%	
送粉管道	元 /t	11119		11368		2.24%	
电力电缆 6kV 及以上	元 /m	197345		206463		4.62%	
电力电缆 6kV 以下	元 /m	64602		67062		3.81%	
热控电缆	元 /m	8496		8691		2.30%	

3.1.1.4　结算性造价指数

结算性造价指数是在保持上一年度限额技术条件和工程量不变的前提下，采用本年度价格和政策测算得到的造价与上年度进行对比的指数，用以计算各年度四项费用及综合造价因物价上涨及政策性调整而引起的各项费用的变化。

表 3-5 和图 3-3 为 2020 年燃煤机组结算性造价指数，由此可见，建筑材料和安装材料价的格上涨导致建筑工程费和装置性材料费上涨明显，设备购置费由于主设备价格下降而呈小幅下降趋势。

表 3-5　2020 年燃煤机组结算性造价指数

机组类型	建筑工程费	设备购置费	安装工程费	其他费用	合计
2×350MW	0.92%	−0.67%	1%	0.32%	0.22%
2×660MW	1.22%	−3.66%	0.89%	0.31%	−1.05%
2×1000MW	1.32%	−3.26%	1.05%	0.25%	−0.81%

图 3-3　2020 年燃煤机组结算性造价指数图

3.1.1.5　对上网电价的影响

基于 2020 年的燃煤发电工程造价水平，按机组年利用小时 4500h、含税标煤价 710 元 /t，350MW、660MW 与 1000MW 机组发电标煤耗分别取 267g/kWh、292g/kWh、289g/kWh，350MW 机组年供热量、含税热价及供热标煤耗分别取 500 万 GJ、35 元 /GJ 与 39kg/GJ，厂用电率 350MW 机组发电 5.2%+ 脱硫 1.5%、供热 11.26kwh/GJ，660MW 机组 5.2%+ 脱硫 1.1%，1000MW 机组 4.1%+ 脱硫 0.7%，在项目资本金内部收益率为 8% 时，测算得到的 350MW、660MW 与 1000MW 新建机组的含税电价分别为 357.81 元 /MWh、349.999 元 /MWh 以及 333.03 元 /MWh，2019 年含税标煤价为 668.6 元 /t，按项目资本金内部收益率 8% 测算，350MW、660MW 与 1000MW 新建机组的含税电价分别为 344.07 元 /MWh、343.33 元 /MWh 以及 322.57 元 /MWh。可见，2020 年测算得到的含税电价均比 2019 年高，主要是 2020 年的标煤单价比 2019 年上涨 41.4 元 /t，涨幅为 6.2%，而单位造价水平涨幅在 1%~1.6%。

基于上述基本方案，对年利用小时、含税标煤价做单因素敏感性分析，测算得到的上网电价如表 3-6 所示。

表 3-6　不同煤价下的上网电价测算表　　　　　　　　　　单位：元 /MWh

机组类型	基本方案	敏感性分析					
		年利用小时数（h）		含税标煤价（元 /t）			
		4000	5000	400	600	800	1000
350MW	357.81	374.62	344.43	245.82	318.1	390.37	462.65
660MW	349.99	363.66	339.05	252.94	315.57	378.21	440.84
1000MW	333.03	333.03	345.78	322.82	238.47	299.49	360.51

3.1.2 燃机发电工程

3.1.2.1 造价总体情况

2020 年燃机发电工程均较 2019 年水平小幅上涨，涨幅在 0.28%~0.33%，主要原因为建筑材料价格上涨，2020 年与 2019 年造价对比情况见表 3-7 所示。

表 3-7 燃机发电工程限额设计指标

机组容量			2019 年造价 (元 /kW)	2020 年造价 (元 /kW)	变动幅度
2×300MW 等级燃气机组 (9F 级纯凝)	一拖一	新建	2098	2104	0.29%
		扩建	2036	2042	0.29%
2×300MW 等级燃气机组 (9F 级供热)	二拖一	新建	2202	2208	0.28%
		扩建	2136	2142	0.28%
2×180MW 等级燃气机组 (9E 级)	一拖一	新建	2828	2837	0.33%
		扩建	2744	2753	0.33%

3.1.2.2 主设备价格变化

2020 年与 2019 年燃机发电工程主设备价格的变化情况见表 3-8，可见除 9F 级燃机的汽轮发电机较 2019 年有所下降外，其余主设备价格均与 2019 年持平。

表 3-8 2017~2019 年燃机主设备价格变化表 单位：万元 / 台

设备名称	400MW 等级燃气机组 (9F)			180MW 等级燃气机组 (9E)		
	2019 年	2020 年	幅度	2019 年	2020 年	幅度
燃气轮机（三菱）	23000	23000		16100	16100	
燃气轮机（GE）	22000	22000		13350	13350	
燃气轮机（西门子）	21000	21000		16500	16500	
燃气轮发电机	4100	4100		2500	2500	
余热锅炉	7700	7700		4300	4300	
蒸汽轮机	9500	9500		4100	4100	
汽轮发电机	6850	6000	−12.41%	1130	1130	

3.1.2.3 主要辅机价格变化

2020 年燃机发电工程主要辅机设备价格相对 2019 年的变化如表 3-9 所示，由此可见 300MW 9F 等级的辅机价格 2020 年与 2019 年持平，180MW 燃机主变和高压厂用变压器价格 2020 年略有上涨，其他主要辅机价格保持稳定。

表 3-9　燃机主要辅机设备价格变化表　　单位：万元 / 台

设备名称	300MW 等级燃气机组 (9F)			180MW 等级燃气机组 (9E)		
	2019	2020	幅度	2019	2020	幅度
调压站	1500	1500		800	800	
燃机主变压器	1330	1330		650	650	
高压厂用变压器	275	275		120	120	
分散控制系统（三菱）	810	810		325	325	
分散控制系统（GE）	620	620		360	360	
分散控制系统（西门子）	720	720				

3.1.2.4　对上网电价的影响

基于 2020 年的燃机发电工程造价水平，按机组年利用小时 3500h，年供热量 651 万 GJ，含税热价 60 元 /GJ，含税气价 2.29 元 /Nm³,300MW 级（纯凝）发电气耗 176Nm³/MWh，燃机 300MW 级（供热）发电与供热气耗分别取 142Nm³/MWh 与 29.30kg/GJ，180MW 级气耗取 219 Nm³/MWh，300MW 级（纯凝）厂用电率取 2.0 %，300MW 级（供热）发电和供热厂用电率分别取 2.8 % 与 13.59kWh/GJ，180MW 级（纯凝）厂用电率取 2.5%，大修理费率取 3.5%，在资本金内部收益率为 8% 时，9F 级纯凝机组、9F 级供热机组和 9E 级机组的电价分别是 543.7 元 /MWh、496.68 元 /MWh 和 707.5 元 /MWh。2019 年资本金内部收益率为 8% 时，9F 级纯凝机组、9F 级供热机组和 9E 级机组的电价分别是 544.05 元 /MWh、496.96 元 /MWh 和 706.9 元 /MWh。可见，2020 年测算得到的含税电价均比 2019 年略低，主要是 2020 年的动态投资较 2019 年略有下降。对于不同的含税气价测算得到的上网电价见表 3-10。

表 3-10　不同气价下的上网电价测算表　　单位：元 /MWh

序号	机组类型	含税气价（元 /Nm3）		
		2	2.29	3
1	2×300MW 等级燃气机组 (9F 级纯凝)	489.21	543.7	677.12
2	2×300MW 等级燃气机组 (9F 级供热)	433.6	496.68	651.21
3	2×180MW 等级燃气机组 (9E 级)	639.62	707.5	874.6

3.1.3 核电工程

2019 年以来，随着三代核电的建成投产，核电项目核准较快，继 2019 年核准山东荣成、福建漳州和广东太平岭核电项目之后，2020 年核准了海南昌江核电二期工程、浙江三澳核电一期工程，持续推进华龙一号批量化建设。2020 年核准的三代核电华龙一号机组造价水平约 1.55 万元 / 千瓦 ~1.65 万元 / 千瓦。

从 2015 年首批华龙一号核电机组开工以来，华龙一号造价水平较为稳定。首批核准的华龙一号皆为扩建项目，具有造价较低的先天优势。虽然后续项目通过标准化、批量化和设计优化一定程度度降低了核岛造价，但由于人工等价格变化和厂址条件的变化，工程整体造价没有明显降低。

3.1.4 水电工程

3.1.4.1 常规水电站

2020 年，完成可行性研究（等同于初步设计）的常规水电站共 6 项，综合单位造价为 14085 元 /kW，其中西藏自治区平均单位造价为 20910 元 /kW，除西藏自治区外其他地区电站平均单位造价为 13578 元 /kW。常规水电站西藏与其他地区各部分单位造价对比情况详见表 3-11。

为反映工程实际造价水平，本次统计的西藏自治区常规水电站不考虑国家拨款对建设期利息的影响等特殊因素。其他地区常规水电站，因支援地方经济发展而额外增加的投资，纳入工程造价中。

表 3-11 常规水电站西藏与其他地区单位造价对比

序号	项目名称	全国（除西藏外）元 /kW	西藏 元 /kW
一	枢纽工程	7159	13305
1	施工辅助工程	1544	1965
2	建筑工程	3797	7655
3	环境保护和水土保持专项工程	464	788
4	机电设备及安装工程	1163	2260
5	金属结构设备及安装工程	191	638
二	建设征地和移民安置补偿费用	1202	1383
三	独立费用	1726	2897
1	项目建设管理费	775	1393
2	生产准备费	20	45
3	科研勘察设计费	697	1256
4	其他税费	234	204
四	基本预备费	490	1122
五	价差预备费	765	1066
六	地方经济发展支持基金	8	0

续表

序号	项目名称	全国（除西藏外）元/kW	西藏 元/kW
七	建设期利息	2228	1136
	工程总投资（一至七部分合计）	13578	20910

对比单位造价水平，除其他税费和建设期利息两项指标外，西藏自治区各项单位造价指标普遍高于全国其他地区。其他税费构成内容主要为耕地占用税、耕地开垦费、森林植被恢复费、水土保持设施补偿费等，西藏自治区经济条件相对落后，人口密度底、耕地面积少，其他税费因此相对较少；另外，为配合落实地方"招商引资"政策，西藏自治区贷款利率较全国贷款基准利率存在大幅优惠，建设期利息因此相对较少。

2015 年至 2020 年常规水电站综合单位造价变化趋势如图 3-4 所示。

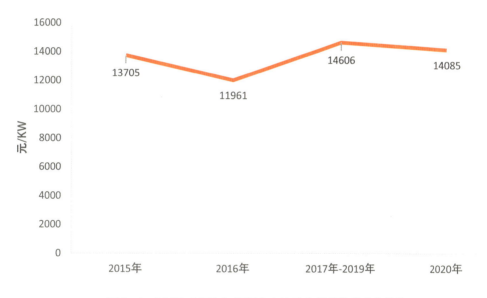

图 3-4 2015~2020 年常规水电站综合单位造价变化趋势

2015 至 2020 年，常规水电站综合单位单价呈波动上升趋势。水电工程造价个体差异较大，主要表现在装机容量大小、建设区域海拔高度和建设征地移民数量等因素对工程造价的影响上。因个体差异以及每期统计的电站数量不同，常规水电站工程造价难以形成稳定、单一的变化趋势。

3.1.4.2 抽水蓄能电站

2020 年，完成可行性研究（等同于初步设计）的抽水蓄能电站共 3 项，项目中单位造价最高达 6798 元/kW，最低为 5945 元/kW，平均为 6345 元/kW。2020 年抽水蓄能电站单位造价具体构成和水平详见表 3-12。

表 3-12　抽水蓄能电站综合造价指标

序号	项目名称	单位造价（元/kW）	占比（%）
一	枢纽工程	3948	62.2
1	施工辅助工程	362	5.7
2	建筑工程	1995	31.4
3	环境保护和水土保持专项工程	127	2.0
4	机电设备及安装工程	1241	19.6
5	金属结构设备及安装工程	223	3.5
二	建设征地和移民安置补偿费用	248	3.9
三	独立费用	822	12.9
1	项目建设管理费	325	5.1
2	生产准备费	43	0.7
3	科研勘察设计费	318	5.0
4	其他税费	135	2.1
四	基本预备费	251	4.0
五	价差预备费	371	5.8
六	建设期利息	705	11.1
	工程总投资（一至六部分合计）	6345	100

2015 年至 2020 年抽水蓄能电站综合单位造价变化趋势如图 3-5 所示。

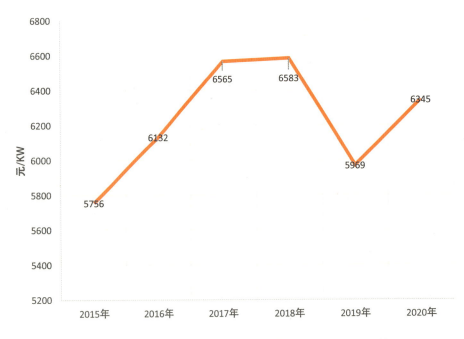

图 3-5　2015~2020 年抽水蓄能电站综合单位造价变化趋势

2015 年至 2020 年，抽水蓄能电站单位造价呈波动上升趋势。与常规水电站相同，抽水蓄能电站工程造价受个体差异影响大，并呈现明显的"装机规模增加、边际成本递减"的规律。从装机规模分析，2017 年 4 项工程平均装机规模达 1150MW/ 座，平均单位造价显著上升；2018 年 5 项工程平均装机规模达 1200MW/ 座，平均单位造价水平居中；2019 年 6 项工程平均装机规模达 1497MW/ 座，平均单位造价显著下降；2020 年 3 项工程平均装机规模达 1133MW/ 座，平均单位造价水平居中。

3.1.4.3 主要设备及装置性材料价格

2017 年至 2020 年审定的常规水电站和抽水蓄能电站，对其主要设备和主要装置性材料价格进行综合统计，造价指标情况见表 3-13。

表 3-13 水电工程主要设备及装置性材料造价指标情况

设备名称	单位	2020 年造价水平（含税，13%）	2019 年造价水平（含税，13%）	2017、2018 年造价水平（含税，16%）
水轮机（轴流式）	万元 /t	5.5	——	4.6
发电机（轴流式）	万元 /t	5.1	——	4.0
水轮机（贯流式）	万元 /t	3.5	——	——
发电机（贯流式）	万元 /t	3.5		
水轮机（抽水蓄能电站）	万元 /t	8.3	8.8	10.4
发电机（抽水蓄能电站）	万元 /t	7.3	7.9	9.8
球阀	万元 /t	9.2	9.2	11
桥式起重机	万元 /t	3	2.9	2.8
主变压器（525kV）	KVA/ 元	40	47	65
平板（滑动）闸门	万元 /t	1.1	1.2	1.1
弧形（滑动）闸门	万元 /t	1.3	1.3	1.3
拦污栅体	万元 /t	1.0	1.0	1.0
压力钢板（345MPa）	元 /t	5433	——	5289
压力钢板（600MPa）	元 /t	8258	8505	8745
压力钢板（800MPa）	元 /t	9603	9982	10581

3.1.5 风电工程

3.1.5.1 造价总体情况

风电工程项目造价水平受行业政策变化、设备价格浮动、施工技术进步以及非技术成本等多方面因素影响。2020 年，受补贴退坡及存量项目建设时限影响，短期内设备供应及施工资源紧张，风电项目单位造价水平有一定程度的上涨。

根据审定（收集）的风电工程概算数据，2019 年、2020 年风电工程项目概算造价与 2018 年对比情况见表 3-14。

表 3-14　风电工程造价指标对比情况　　　　　　　　　　　　单位：元 /kW

项目建设条件	2018 年	2019 年	2020 年
平原戈壁	7414	7480	7345
山区	8412	8360	8814

3.1.5.2 主要设备价格变化

2020 年是陆上风电全面平价发展的关键一年，为了保障项目年底完成并网目标，主机设备招标前三季度供不应求，大幅上涨，风电机组（不含塔筒）中标价最高超过 4100 元 /kW；第四季度大幅回落，最低至 3000 元 /kW 以内。2018 年 ~2020 年风电工程主要设备价格变化情况见表 3-15。

表 3-15　2017~2019 年风电工程主要设备价格

设备类型		单位	2018 年（含税，16%）	2019 年（含税，13%）	2020 年（含税，13%）
风电机组	1500kW 机组	元 /kW	3548	—	—
	2000kW 机组		3650	3864	3798
	2500kW 机组		—	3488	3740
	3000kW 机组		—	3924	4111
塔筒		元 /t	8030	8495	9834
主变压器		元 /kVA	40	31	33
机组变压站	1600KW	万元 / 台	19	18.6	18
	2300KW		21	22	20

3.1.6 光伏发电工程

3.1.6.1 造价总体情况

随着技术发展，光伏发电工程得到普遍推广应用，呈多样化开发形式，光伏行业已快速成熟。受行业技术进步及市场竞争影响，光伏发电组件、逆变器等主要设备价格下降，项目造价水平快速下降。2020年，受疫情及供需关系影响，光伏组件原材料出现阶段性涨跌。另一方面，光伏全面平价、竞价上网政策也进一步推动了项目快速降本。

根据审定（收集）的光伏电站项目概算数据，统计的集中式光伏发电项目（除西藏地区）2019年、2020年光伏发电工程项目概算造价与2018年的对比情况见表3-16。

表3-16 光伏发电工程指标对比情况
单位：元/kW

集中式光伏项目	2018年	2019年	2020年
平均造价（不含西藏）	7008	6216	4508

3.1.6.2 主要设备价格变化

2019年、2020年光伏发电工程主要设备价格相对2018年变化情况见表3-17。

表3-17 光伏发电工程主要设备价格变化情况

主要设备	单位	2018年（含税，16%）	2019年（含税，13%）	2020年（含税，13%）
光伏组件	元/w	2.5	1.7	1.6
逆变器（500kVA）	万元/台	14.5	13	11

3.1.7 架空输电线路工程

3.1.7.1 造价总体情况

2018~2020年架空输电线路工程单位造价指标整体呈上涨趋势，2019~2020主要线路工程造价变化幅度在-0.16%至2.78%之间，变化幅度较2018~2019年有所减小，2018~2020年架空输电线路工程造价对比情况如表3-18和图3-6所示。针对架空输电线路工程，材料价格、建设通道的选择及建设场地征用费水平等多方面因素将影响其造价水平走向。近年来，征地、房屋拆迁、青苗及地上附着物的赔偿标准不断增长，建设通道逐步趋紧造成的线路工程建设条件愈加复杂，成为影响输电线路工程造价水平上升的重要因素。

表 3-18　2018-2020 年架空输电线路工程造价指标对比情况　　　　单位：万元 /km

序号	电压等级（kV）/回路	导线规格	2018 年	2019 年	2020 年	2018-2019变化幅度（%）	2019-2020变化幅度（%）
1	1000kV 双回	8×JL/G1A-630/45	1073.38	1167.38	1165.55	8.76	-0.16
2	±800kV 双极	6×JL/G1A-1000/45、6×JL/G1A-1000/80	397.98	422.45	423.48	6.15	0.24
3	750kV 单回	6×JL/G1A-400/50	262.1	276.38	284.06	5.45	2.78
4	500kV 单回	4×JL/G1A-400/35	173.85	182.65	185.41	5.06	1.51
5	330kV 单回	2×JL/G1A-400/35	105.66	111.54	113.70	5.57	1.94

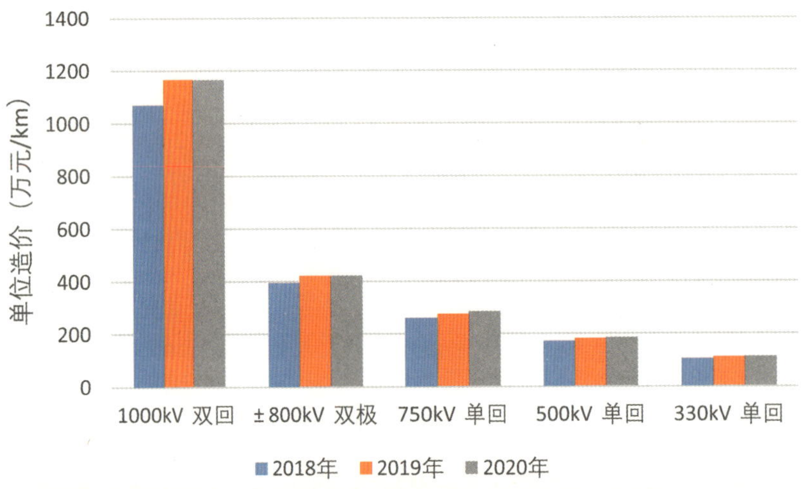

图 3-6　2018~2020 年架空输电线路工程造价指标对比情况

3.1.7.2　主要材料价格变化

2020 年上半年受新冠肺炎疫情影响，经济活动减缓，建设市场需求减弱，建筑材料价格有所下降。下半年随着疫情得到有效控制，电力行业复工复产速度加快，需求逐渐恢复，主要材料价格有所回升。2018~2020 年架空输电线路工程主要材料价格变化如表 3-19 所示。导线、钢筋等建筑材料价格整体呈上涨趋势，塔材及水泥价格有所下降。

表 3-19　2018~2020 年架空输电线路工程主要材料价格变化

序号	材料名称	单位	2018 年价格（万元）（含税，16%）	2019 年价格（万元）（含税，13%）	2020 年价格（万元）（含税，13%）	2018-2019 年变化幅度（%）	2019-2020 年变化幅度（%）
1	JL/G1A-630/45	元 /t	16000	15900	16200	-0.63	1.89
2	JL/G1A-400/35	元 /t	15600	15700	16000	0.64	1.91

序号	材料名称	单位	2018 年价格（万元）（含税，16%）	2019 年价格（万元）（含税，13%）	2020 年价格（万元）（含税，13%）	2018-2019 年变化幅度（%）	2019-2020 年变化幅度（%）
3	角钢塔材	元 /t	8000	9200	9000	15.00	−2.17
4	钢筋	元 /t	4710	4750	4865	0.85	2.42
5	水泥（42.5）	元 /t	533	600	520	12.57	−13.33

注：2021 年受全球新冠肺炎疫情、国际国内市场等因素影响，原材料价格出现明显涨幅，导线材料价格较 2020 年同期上涨幅度约为 3%。

3.1.8　变电工程

3.1.8.1　造价总体情况

2018~2020 年变电工程单位造价指标整体呈上涨趋势，2019~2020 主要变电工程造价变化幅度在 1.66% 至 14.56% 之间，增长幅度较 2018~2019 年有所增大。2018~2020 年变电工程造价对比情况如表 3-20 和图 3-7 所示。针对变电工程，设备价格及地方性材料价格上涨，使变电工程总体造价水平呈上升趋势。

表 3-20　变电工程造价指标对比情况　　单位：元 /kVA、元 /kW

序号	项目名称	2018 年	2019 年	2020 年	2018~2019 变化幅度（%）	2019~2020 变化幅度（%）
1	1000kV 变电站（2×3000MVA、GIS）	283.73	280.94	291.69	−0.98	3.83
2	±800kV 换流站（8000MW）	540.69	564.8	574.17	4.46	1.66
3	750kV 变电站（1×1500MVA、750kV 罐式断路器）	309	322.98	346.01	4.52	7.13
4	500kV 变电站（1×750MVA 柱式断路器）	218.88	229.97	243.59	5.07	5.92
5	500kV 变电站（2×1000MVA GIS 组合电器）	116.56	123.46	132.95	5.92	7.69
6	330kV 变电站（2×360MVA,GIS）	212.54	218.61	250.43	2.86	14.56
7	220kV 变电站（2×180MVA 柱式断路器）	245.97	251.58	268.58	2.28	6.76

图 3-7　2018-2020 年变电工程造价指标对比情况

3.1.8.2　主要设备材料价格变化

随着电力行业逐步复工复产及新基建的大力推进，市场活力恢复显著，受原材料价格、加工费用及供求关系影响，2018~2020 年变电工程主要设备价格呈现上涨趋势。2018~2020 年变电工程主要设备价格变化如表 3-21 所示。

表 3-21　2018-2020 年变电工程主要设备价格变化

序号	设备名称	单位	2018 年价格（含税，16%）	2019 年价格（含税，13%）	2020 年价格（含税，13%）	2018-2019 年变化幅度（%）	2019-2020 年变化幅度（%）
1	750kV 700MVA 单相自耦无载变压器	万元／台	1375	1550	1800	12.73	16.13
2	500kV 334MVA 单相自耦无载变压器	万元／台	660	760	820	15.15	7.89
3	500kV 250MVA 单相自耦无载变压器	万元／台	615	640	720	4.07	12.50
4	330kV 240MVA 三相共体自耦 无载变压器	万元／台	600	680	740	13.33	8.82
5	220kV 240MVA 三相共体三绕组有载变压器	万元／台	650	750	770	15.38	2.67

序号	设备名称	单位	2018年价格（含税，16%）	2019年价格（含税，13%）	2020年价格（含税，13%）	2018-2019年变化幅度（%）	2019-2020年变化幅度（%）
6	750kV 罐式断路器 50kA	万元/台	510	525	600	2.94	14.29
7	750kV 并联电抗器 100Mvar	万元/台	330	350	450	6.06	28.57
8	500kVGIS 组合电器 4000A，63kA	万元/串	1020	1080	1260	5.88	16.67
9	500kV SF$_6$ 断路器 63kA 柱式 双断口	万元/台	70	77	78	10.00	1.30
10	500kV 并联电抗器 60Mvar	万元/台	200	220	300	10.00	36.36

注：2021 年受全球新冠肺炎疫情、国际国内市场等因素影响，原材料价格出现明显涨幅，变电设备价格较 2020 年同期上涨幅度约为 2%。

3.2 年度投产电力工程项目造价

为进一步加强新发展阶段电力行业工程建设成本监管，有效促进电价成本控制、提高造价管理水平、增强造价信息透明度，推动建立节约型电力工业，切实维护社会公众及电力企业利益，受国家能源局委托，电力规划设计总院和水电水利规划设计总院开展了 2018~2019 年投产电力工程项目造价信息统计和分析工作。本节节选自投产电力工程造价分析。

根据填报资料，2018~2019 年与 2016~2017 年期间投产的电源和电网工程项目造价相比较：燃煤火电工程、燃机火电工程、垃圾发电工程、水电工程、交流架空输电线路工程、特高压直流输电线路工程单位造价呈上升趋势；二代核电工程、风电工程、光伏发电工程、交流变电工程、特高压交流输电线路工程、特高压换流站工程单位造价呈下降趋势。

3.2.1 燃煤发电工程

2018~2019 年投产的燃煤火电工程项目概、决算单位造价分别为 4015 元/kW、3708 元/kW，降低 7.65%。新建工程、扩建工程决算单位造价分别为 3935 元/kW、3356 元/kW，扩建比新建工程低约 14.7%。按项目所在地区分析，决算单位造价南方最高，为 4380 元/kW；西北最低，为 3366 元/kW；决算与概算相比，华东降幅最大，华中地区降幅最小。按单机容量分析，大容量机组所占比重逐年上升,1000MW 级机组占比为 35%,600MW 级机组占比为 42%。按工质参数分析,2018~2019 年投产的燃煤项目 75% 为超超临界机组,23% 为超临界机组,2% 为循环流化床机组。根据国家发展节能型机组的战略,"十四五"期间超超临界机组的比重将继续增加。

2016~2017 年燃煤火电工程项目概、决算平均单位造价分别为 3955 元 /kW、3593 元 /kW,2018~2019 年分别为 4015 元 /kW、3708 元 /kW。2018~2019 年决算平均单位造价较 2016~2017 年上涨了 115 元 /kW,涨幅为 3.20%。主要是人工和材料价格上涨。

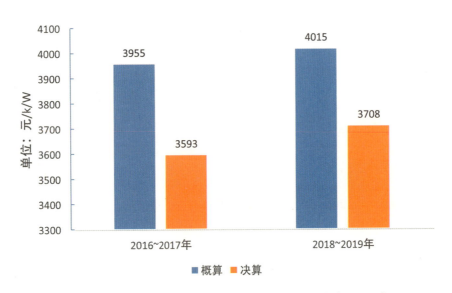

图 3-8　2016~2019 年期间燃煤火电工程单位造价(元 /kW)

图 3-9　2011~2019 年期间投产燃煤发电工程项目单位造价变化趋势(元 /kW)

2011~2019 年期间投产燃煤火电工程项目概、决算单位造价趋势如图 3-9 所示。与往年数据相比,燃煤火电工程项目单位造价水平总体呈下降趋势,主要原因是大容量、高参数投产机组所占比例逐渐提高。

3.2.2 燃机发电工程

2016~2017 年燃机火电工程项目概、决算平均单位造价分别为 3142 元 /kW、2823 元 /kW，2018~2019 年分别为 3527 元 /kW、3252 元 /kW。2018~2019 年决算平均单位造价较 2016~2017 年上涨了 429 元 /kW，涨幅为 15.20%。主要是分布式能源机组占比增加，人工和材料价格上涨。

图 3-10 2016~2019 年期间燃机火电工程单位造价（元 /kW）

2011~2019 年期间投产燃机火电工程项目概、决算单位造价趋势如图 3-11 所示。燃机火电工程项目单位造价水平总体持平，略有下降，主要原因是大容量投产机组所占比例逐渐提高。

图 3-11 2011~2019 年期间燃机火电工程单位造价（元 /kW）

3.2.3　垃圾发电工程

2016~2017 年垃圾发电工程项目概、决算平均单位造价分别为 23956 元 /kW、21476 元 /kW，2018~2019 年分别为 22492 元 /kW、23356 元 /kW。2018~2019 年决算平均单位造价较 2016~2017 年上涨了 1880 元 /kW，涨幅 8.75%。主要是 2018~2019 年垃圾发电工程人工和材料价格上涨。

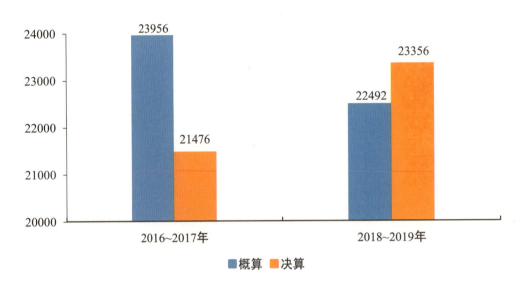

图 3-12　2016~2019 年期间垃圾发电工程单位造价（元 /kW）

3.2.4　核电工程

2018~2019 年投产的核电工程项目有 4 个，其中 1000MW 级二代改进型、AP1000、EPR 核电工程项目建成价口径的概算单位造价分别为 11899 元 /kW、20582 元 /kW、24518 元 /kW。2018~2019 年投产的 AP1000、EPR 核电工程项目均为三代核电首堆项目，其采用了更高性能的设备、材料和更高安全水平的系统设计，再加上技术引进费用及工期拖期等因素，造价相对较高。

2016~2017 年 1000MW 级二代改进型核电工程项目概、决算单位造价分别为 12242 元 /kW、12038 元 /kW，2018~2019 年仅有概算，单位造价为 11899 元 /kW。2018~2019 年概算单位造价较 2016~2017 年下降了 2.80%。主要是厂址规模效应。

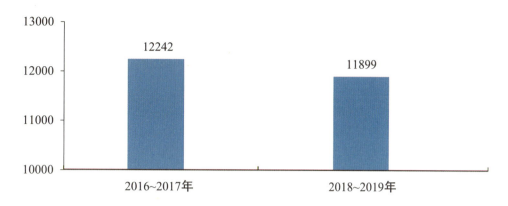

图 3-13　2016~2019 年二代改进型核电工程项目概算单位造价变化趋势（单位：元 /kW）

3.2.5　水电工程

2018~2019 年投产的常规水电工程项目概、决算单位造价分别为 12710 元 /kW、10666 元 /kW，抽水蓄能电站概、决算单位造价分别为 5541 元 /kW、4766 元 /kW。

全部常规水电工程中，扩建工程单位造价为 5998 元 /kW，新建工程单位造价为 12512 元 /kW；华东地区仅 1 项扩建工程，单位造价最低，为 3954 元 /kW；华中地区最高，为 14300 元 /kW；抽水蓄能电站均为新建工程，华东地区单位造价最低，为 5494 元 /kW，南方地区最高，为 5540 元 /kW。

2011~2019 年期间投产水电工程项目的单位造价对比情况和趋势见图 3-14。

图 3-14　2011~2019 年期间投产水电工程项目单位造价变化趋势（元 /kW）

受资源制约，水电开发难度逐年增加，同时建设征地移民和环境保护问题重视程度与日俱增，水电工程概、决算单位造价在 2011~2019 年期间呈上升趋势。

3.2.6　风电工程

2018~2019 年投产风电工程项目概、决算单位造价分别为 8152 元 /kW、7394 元 /kW。按不同地区分析，南方地区决算单位造价最高，为 8208 元 /kW；西北地区单位造价最低，为 6273 元 /kW；按不同单机容量分析，单机容量 1500kW 机组项目决算单位造价最高，为 7683 元 /kW，单机容量 2500kW 机组项目决算单位造价最低，为 6961 元 / kW；按不同地形条件分析，滩涂地形项目决算单位造价最高，为 8056 元 /kW，山区地形项目决算单位造价次之，为 7891 元 /kW，平原、戈壁地形项目决算单位造价最低，为 6362 元 /kW。海上风电工程项目概、决算单位造价分别为 17269 元 /kW、14787 元 /kW。

2011~2019 年期间投产风电工程项目概、决算单位造价趋势见图 3-15。

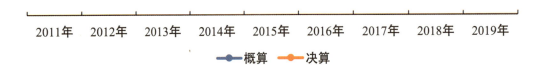

图 3-15　2011~2019 年期间投产风电工程项目单位造价变化趋势（元 /kW）

2011~2019 年风电工程项目单位造价呈小幅下降趋势，主要原因为主要设备价格进一步下降、施工技术进步以及项目建设管理效率提高。

3.2.7　光伏发电工程

2018~2019 年投产光伏发电工程项目概、决算单位造价分别为 6428 元 /kW、5960 元 /kW。按不同地区分析，决算单位造价指标东北地区最高，为 6337 元 /kW，西北地区最低，为 5486 元 /kW；按不同组件材料分析，单晶硅项目决算单位造价为 5911 元 /kW，多晶硅项目决算单位造价为 6097 元 /kW；按不同支架型式分析，固定支架的项目决算单位造价为 5892 元 /kW，单轴跟踪式的项目决算单位造价为 6300 元 /kW。

2011~2019 年期间投产光伏发电工程项目单位造价变化趋势见图 3-16。

图 3-16　2011~2019 年期间投产光伏发电工程项目单位造价变化趋势（元 /kW）

2011~2012 年投产光伏发电工程项目单位造价指标较高，2013 年以来，投产光伏发电工程项目单位造价指标开始大幅下降，截至 2019 年单位造价已降低到 5486 元 /kW，主要原因是随着光伏行业的快速发展，光伏组件制造工艺技术进步，设备价格大幅下降。

3.2.8　交流架空输电线路工程

2018~2019 年投产 110kV~750kV 交流架空输电线路工程项目概、决算单位造价分别为 172 万元 /km、154 万元 /km，投产交流架空输电线路工程决算与概算相比，降低 10.60%。按不同地区分析，110kV、220kV、500kV 工程决算单位造价内蒙古均最低，110kV、220kV 工程南方最高，500kV 工程西北最高，华东次高。不同电压等级交流架空输电线路工程决算单位造价 110kV、220kV、330kV、500kV、750kV 分别为 73 万元 /km、136 万元 /km、119 万元 /km、304 万元 /km、261 万元 /km。

2011~2019 年期间投产的交流架空输电线路工程单位造价变化趋势见图 3-17。

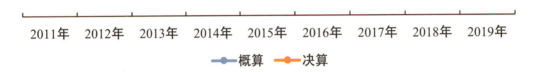

图 3-17　2011~2019 年期间投产交流架空输电线路工程项目决算单位造价变化趋势（万元 /km）

2016~2019 年期间投产交流架空输电线路工程决算单位造价水平上升。2011~2019 年期间交流架空输电线路工程决算单位造价呈现明显上升趋势，主要原因是路径选择难度增大，工程地形、地质条件逐渐复杂，工程本体投资普遍增加，建设场地征用及清理费增加。

3.2.9　交流变电工程

2018~2019 年投产 110kV~750kV 交流变电工程项目概、决算单位造价分别为 222 元 /kVA、196 元 /kVA，投产交流变电工程决算与概算相比，降低 11.61 ％。按不同地区分析，交流变电新建工程决算单位造价 110kV、220kV、500kV 均内蒙古最低，110kV、220kV 均南方最高；500kV 西北最高（均为西藏工程），南方次高。按不同电压等级分析，110kV、220kV、330kV、500kV、750kV决算单位造价分别为 283 元 /kVA、208 元 /kVA、174 元 /kVA、122 元 /kVA、165 元 /kVA，110kV 最高，500kV 最低。按不同建设性质分析，新建变电站决算单位造价 268 元 /kVA，扩建主变压器决算单位造价 91 元 /kVA，新建比扩建工程单位造价高 177 元 /kVA。

2011~2019 年期间交流变电新建变电站工程概算、决算单位造价变化趋势见图 3-18。

图 3-18　2011~2019 年期间投产交流变电新建变电站工程概、决算单位造价变化趋势（元 /kVA）

2016~2019 年期间投产交流新建变电站工程决算单位造价下降。2011~2019 年期间交流变电新建变电站工程决算单位造价下降趋势明显减缓，主要原因是主要设备价格整体呈下降趋势，近几年下降趋势减缓。

3.2.10　特高压交流输电线路工程

1000kV 特高压交流输电线路工程单位造价为 590 万元 /km。

2019 年投产的 1000kV 特高压交流输电线路工程决算单位造价较 2016 年呈现波动性下降趋势，主要原因是受工程所在地建设条件影响，主要工程量指标下降，塔材中标价格有所下降。

2011~2019 年投产 1000kV 特高压交流输电线路工程单位造价变化趋势见图 3-19。

图 3-19　2011~2019 年期间投产 1000kV 特高压交流输电线路工程项目单位造价变化趋势（万元 /km）

3.2.11 特高压直流输电工程

±800kV 特高压直流输电线路工程单位造价为 440 万元 /km。

2019 年投产的 ±800kV 特高压直流输电线路工程决算单位造价较 2016 年呈现上升趋势。2019 年投产的特高压直流输电线路工程导线截面 $8 \times 1250mm^2$，输送容量达 1000 万千瓦，导线截面、输送容量均高于目前统计的 2016~2017 年投产的 ±800kV 特高压直流输电线路工程。2018 年投产工程受到输送容量影响，导线截面有所差异，引起工程量指标变化，使单位造价相对降低。

2011~2019 年投产 ±800kV 特高压直流输电线路工程项目单位造价变化趋势见图 3-20。

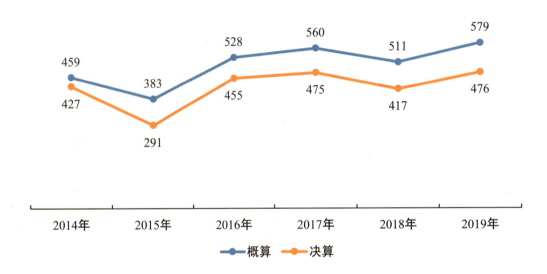

图 3-20　2011~2019 年期间投产 ±800kV 特高压直流输电线路工程项目单位造价变化趋势（万元 /km）

±800kV 特高压直流换流站工程单位造价为 631 元 /kW。2019 年投产特高压直流换流站工程决算单位造价较 2016 年呈现波动性下降趋势，主要原因是装备制造企业的技术进步导致主要设备价格逐步下降。2018 年投产工程单位造价出现上涨主要是因为输送容量小造成单位造价上涨。

2011~2019 年投产 ±800kV 特高压直流换流站工程项目单位造价变化趋势见图 3-21。

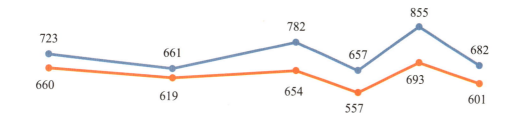

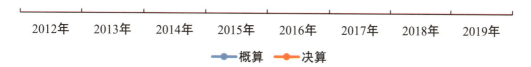

图 3-21 2011~2019 年期间投产特高压直流换流站工程项目单位造价变化趋势（元 /kW ）

第4章 电力工程造价指数

电力工程造价指数是反映一定时期由于工程要素价格变化对工程造价影响程度的指标，是工程造价动态管理的实用工具。

根据指数性质分类，电力工程造价指数分成环比指数及定比指数，环比指数是指各年依次以其前一年为基期而编制的指数，说明电力工程造价的逐年发展情况；定比指数是指按时间顺序编制的指数序列中，各时期指数均与同一固定年对比而形成的指数，反映电力工程造价随社会经济发展的长期动态变化情况。

根据基础数据分类，电力工程造价指数分为基于工程决算的统计决算造价指数、基于当年概算的标准概算造价指数以及建筑安装工程的造价指数。

4.1 统计决算造价指数

统计决算造价指数是利用年度结算性的价格、实际投资额、实际建设规模确定的具有结算性质的造价指数，数据来源于工程造价决算文件。以工程决算数据为统计口径的统计决算造价指数旨在真实反映建设工程造价变动情况与变化发展趋势，可以指导后续工程建设顺利展开，是造价监管手段的重要补充。2021年出版的2018、2019年度统计决算造价指数，定比造价指数以2015年为基期，基点为100点。

4.1.1 2018~2019 年度统计决算分项造价指数

4.1.1.1 燃煤发电工程分项造价指数

根据投产电源项目统计数据，300MW 级、600MW 级、1000MW 级燃煤发电工程建筑工程费、设备购置费、安装工程费、其他费用及静态投资等分项造价指数如表 4-1 和表 4-2 所示，2015 年~2019 年不同容量投产燃煤发电工程决算造价指数变化趋势如图 4-1 所示。

图 4-1 2015 年~2019 年不同容量投产燃煤发电工程决算造价定比指数变化趋势

表 4-1 燃煤发电工程统计决算分项造价指数（环比）

年度	容量等级	建筑工程费	设备购置费	安装工程费	其他费用	静态投资
2018 年	300MW	108.46	112.07	86.22	173.56	113.52
	600MW	111.80	98.04	99.23	100.53	101.37
	1000MW	132.54	102.27	104.67	95.92	108.58
2019 年	300MW	111.31	98.99	113.02	99.43	104.33
	600MW	104.31	109.20	103.59	104.60	106.52
	1000MW	70.22	105.63	111.79	123.22	99.01

表 4-2 燃煤发电工程统计决算分项造价指数（定比）

年度	容量等级	建筑工程费	设备购置费	安装工程费	其他费用	静态投资
2018 年	300MW	104.15	99.42	97.54	126.04	104.43
	600MW	89.94	80.26	129.50	126.32	95.52
	1000MW	113.96	86.36	103.73	97.91	96.47

续表

年度	容量等级	建筑工程费	设备购置费	安装工程费	其他费用	静态投资
2019 年	300MW	115.93	98.41	110.23	125.32	108.95
	600MW	93.81	87.64	134.15	132.13	101.74
	1000MW	80.02	91.22	115.96	120.64	95.52

注：2015 年为基期。

2018、2019 年燃煤发电工程决算静态总投资基本呈现逐年上涨趋势。其中，2018 年各类工程建筑工程费均较 2017 年有较大增幅，但 2019 年 1000MW 级出现回落；2019 年各类工程安装工程费均较 2018 年有所增长。

较基期 2015 年，2018、2019 年各类燃煤发电工程单位造价呈不同价格趋势。其中，300MW级呈现上涨趋势，1000MW 级呈现下降趋势。设备购置费基本呈现下降趋势，其他费用普遍呈现上涨趋势。

4.1.1.2 燃机发电工程分项造价指数

根据投产电源项目统计数据，综合燃机配置方案的差异，燃机发电工程建筑工程费、设备购置费、安装工程费、其他费用及静态投资分项造价指数如表 4-3 和表 4-4 所示。2015 年 ~2019 年不同 9F 级燃机发电工程决算造价定比指数变化趋势如图 4-2 所示。

表 4-3　燃机发电工程统计决算分项造价指数（环比）

年度	容量等级	建筑工程	设备购置	安装工程	其他费用	静态投资
2018 年	9F	151.90	109.68	101.57	175.73	122.63
2019 年	9F	67.19	93.50	90.96	82.04	86.60

注：2018~2019 年投产的 9E 级燃机工程样本不足。

表 4-4　燃机发电工程统计决算分项造价指数（定比）

年度	容量等级	建筑工程	设备购置	安装工程	其他费用	静态投资
2018 年	9F	147.09	106.94	165.27	112.77	117.51
2019 年	9F	98.82	99.99	150.33	92.51	101.76

注：2015 年为基期。

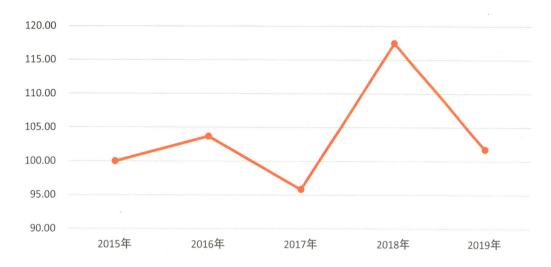

图 4-2　2015~2019 年不同 9F 级燃机发电工程决算造价定比指数变化趋势

2018 年 9F 级燃机发电工程决算造价较 2017 年上涨明显，至 2019 年出现回落。其中，建筑工程费、其他费用变化幅度较大。

较基期 2015 年，2018、2019 年投产的 9F 级燃机发电工程造价总体呈上涨趋势，其中安装工程费上涨明显，2018 年建筑工程费、设备购置费、其他费用均较基期有所增长，而 2019 年出现回落。

4.1.1.3　架空输电线路工程分项造价指数

架空输电线路工程统计决算分项造价指数如表 4-5 和表 4-6 所示。2015~2019 年不同电压等级架空输电线路工程决算造价定比指数变化趋势如图 4-3 所示。

表 4-5　架空输电线路工程统计决算分项造价指数（环比）

年度	电压等级	本体工程费	建场费	静态投资
2018 年	750kV	87.43	127.34	87.08
	500kV	102.00	74.35	95.55
	330kV	104.59	134.97	109.58
	220kV	108.89	184.76	117.61
	110kV	101.78	117.49	100.12
2019 年	750kV	97.37	63.01	95.10
	500kV	157.51	224.47	165.13
	330kV	98.55	58.09	93.62
	220kV	108.87	62.44	98.85
	110kV	94.26	85.61	93.69

表 4-6　架空输电线路工程统计决算分项造价指数（定比）

年度	电压等级	本体工程费	建场费	静态投资
2018 年	750kV	96.74	190.14	98.19
	500kV	95.22	69.20	79.84
	330kV	93.75	104.12	93.59
	220kV	104.49	236.04	111.32
	110kV	107.83	113.59	103.63
2019 年	750kV	94.19	119.80	93.37
	500kV	149.98	155.34	131.83
	330kV	92.39	60.48	87.61
	220kV	113.75	147.39	110.04
	110kV	101.65	97.24	97.08

注：2015 年为基期。

　　2018、2019 年决算造价指数呈现出不同的变化趋势。2018 年高电压等级线路工程总体造价水平有所下降，低电压等级线路工程有所上升；2019 年除 500kV 受样本影响造价水平有明显上升外，其余各电压等级均呈下降趋势。从变化幅度方面，2018 年除 500kV 外，其余各电压等级线路工程建设场地征用费均较 2017 年有明显上升，而 2019 年除 500kV 外，其余各电压等级线路工程建设场地征用费均得到了有效控制。

　　较基期 2015 年，2018、2019 年 750kV、330kV 线路工程造价水平均呈下降趋势，220kV 线路工程均呈上升趋势，其余电压等级均呈现出不同变化规律。各电压等级建设场地征用费水平均与基期水平差别较大。

图 4-3　2015~2019 年不同电压等级架空输电线路工程决算造价定比指数变化趋势

2019 年 500kV 交流架空输电线路工程决算造价指数上涨的主要原因是投产工程中受工程所在地影响，西北地区西藏工程本体工程费较高，华北地区北京工程建设场地征用及清理费较高，华东地区浙江跨越工程 2 项，单位造价较高，影响了 500kV 单位造价水平。

4.1.1.4 变电工程分项造价指数

变电工程统计决算分项造价指数如表 4-7 至表 4-10 所示。2015~2019 年不同性质、不同电压等级变电工程决算造价定比指数变化趋势如图 4-4、图 4-5 所示。

表 4-7 不同类型变电工程统计决算分项造价指数（环比）

年度	工程类型	建筑工程费	设备购置费	安装工程费	其他费用	总造价
2018 年	新建变电站	121.31	96.72	105.58	111.80	106.43
	扩主变工程	104.83	104.04	117.90	113.32	107.15
2019 年	新建变电站	100.98	98.05	105.49	95.00	99.29
	扩主变工程	108.50	105.21	105.63	101.02	105.14

表 4-8 不同类型变电工程统计决算分项造价指数（定比）

年度	工程类型	建筑工程费	设备购置费	安装工程费	其他费用	总造价
2018 年	新建变电站	116.33	78.64	107.63	99.23	103.06
	扩主变工程	115.51	84.03	118.53	92.71	91.75
2019 年	新建变电站	117.46	77.11	113.53	94.27	102.33
	扩主变工程	125.33	88.41	125.20	93.66	96.46

注：2015 年为基期。

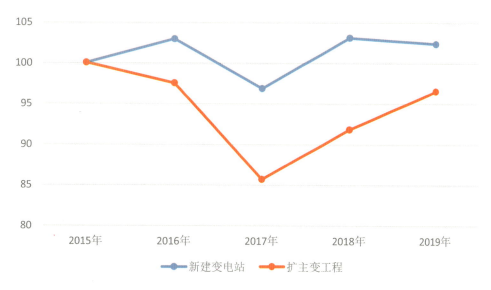

图 4-4 2015~2019 年不同性质变电工程决算造价定比指数变化趋势

2018 年、2019 年扩主变工程决算造价呈现上升趋势，新建工程先上升后下降。相较基期，2018 年、2019 年新建变电站决算造价均上涨，扩主变工程均下降。

表 4-9　不同电压等级变电工程统计决算分项造价指数（环比）

年度	电压等级	建筑工程费	设备购置费	安装工程费	其他费用	总造价
2018 年	750kV	92.84	61.38	110.77	68.04	71.18
	500kV	87.73	91.11	92.79	100.01	91.95
	330kV	67.13	81.16	86.07	62.67	76.62
	220kV	111.71	98.51	107.15	104.43	103.56
	110kV	90.78	84.44	88.32	84.48	86.61
2019 年	750kV	196.88	108.18	212.43	162.48	144.95
	500kV	125.04	106.91	119.00	98.53	110.77
	330kV	126.78	110.14	112.63	122.57	114.70
	220kV	87.99	89.97	86.10	89.93	88.95
	110kV	91.55	96.75	100.31	89.42	94.66

表 4-10　不同电压等级变电工程统计决算分项造价指数（定比）

年度	电压等级	建筑工程费	设备购置费	安装工程费	其他费用	总造价
2018 年	750kV	77.54	44.26	77.41	38.03	88.62
	500kV	74.69	60.94	82.82	73.58	67.69
	330kV	45.50	48.03	66.78	39.94	48.61
	220kV	123.09	95.28	129.24	104.66	106.49
	110kV	109.42	81.80	102.84	96.95	93.05
2019 年	750kV	152.67	47.88	164.45	61.79	128.45
	500kV	93.39	65.15	98.56	72.50	74.98
	330kV	57.68	52.90	75.21	48.96	55.76
	220kV	108.30	85.73	111.28	94.12	94.73
	110kV	100.18	79.14	103.15	86.69	88.08

注：2015 年为基期。

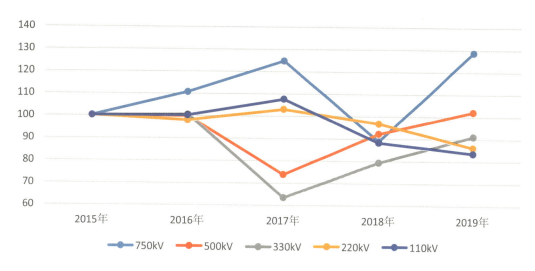

图 4-5　2015~2019 年不同电压等级变电工程决算造价定比指数变化趋势

不同电压等级、不同工程类型变电工程造价指数反映出不同的变化规律。

较基期 2015 年，2018 年除 220kV 工程外，其他电压等级变电工程造价均下降。2019 年除 750kV 变电工程造价上涨外，其余电压等级变电工程造价均下降。

4.1.2　2018~2019 年度统计决算综合造价指数

各类型电力工程统计决算综合造价指数如表 4-11 和表 4-12 所示。2015 年 ~2019 年电力工程决算造价定比指数变化趋势如图 4-6 所示。

表 4-11　各类型电力工程统计决算综合造价指数（环比）

工程类型	2018 年	2019 年
燃煤发电工程	107.57	98.24
燃机发电工程	122.63	86.60
电网工程	105.45	114.58
其中：架空输电线路工程	104.51	127.80
其中：变电工程	106.32	98.81

注：2018~2019 年投产的 9E 级燃机工程样本不足。

表 4-12 各类型电力工程统计决算综合造价指数（定比）

工程类型	2018 年	2019 年
燃煤发电工程	102.23	100.43
燃机发电工程	117.53	101.78
电网工程	102.96	117.98
其中：架空输电线路工程	98.17	125.46
其中：变电工程	106.25	104.99

注：2015 年为基期。

图 4-6 2015~2019 年电力工程决算造价定比指数变化趋势

基于环比指数，2018~2019 年电网工程综合决算造价呈逐年上涨趋势；燃煤发电工程、燃机发电工程 2018 年涨幅明显，2019 年出现回落。

基于定比指数，2018~2019 年各类型电力工程决算造价较基期基本呈上涨趋势。

4.2 标准概算造价指数

标准概算造价指数以技术方案模块为单元，以典型工程概算工程量数据为依托，按照工程概算项目划分，根据当年人、材、机价格信息及最新电力工程造价管理机构的价格规范与调整文件，测算报告期当年电力工程造价指数，旨在体现电力工程概算造价变化趋势。标准概算造价指数涵盖常规燃煤火力发电厂、燃气—蒸汽联合循环发电机组等火电工程和架空输电线路工程、变电工程等电网工程的造价指数。标准概算造价指数采用自下而上的编制方法，根据技术方案、建设性质、建设规模逐步深化测算步骤，以特定年份各类型电力工程投资占比为权重，在测算过程中形成了以典型工程概算为统计口径的分项造价指数和综合造价指数，让使用者可以按需跟踪与评估不同类型的电力工程造价水平。

针对 2018 年、2019 年、2020 年标准概算造价指数进行测算，定比造价指数以 2015 年为基期，基点为 100 点。

4.2.1　2018~2020 年度标准概算分项造价指数

4.2.1.1　燃煤发电工程分项造价指数

300MW 级、600MW 级、1000MW 级燃煤发电工程建筑工程费、设备购置费、安装工程费、其他费用、静态投资等分项价格指数如表 4-13 和表 4-14 所示。

表 4-13　燃煤发电工程标准概算分项造价指数（环比）

年度	容量等级	建筑工程费	设备购置费	安装工程费	其他费用	静态投资
2018 年	300MW	99.94	99.46	98.77	99.55	99.48
	600 MW	100.35	99.54	98.95	99.63	99.63
	1000 MW	100.22	99.37	99.26	99.84	99.6
2019 年	300MW	105.78	101.95	105.47	105.27	104.15
	600 MW	105.76	102.19	102.53	103.19	103.29
	1000 MW	104.78	103.18	103.44	100.17	103.23
2020 年	300MW	100.52	101.37	101.82	100.60	101.09
	600 MW	101.10	99.44	105.96	101.57	101.35
	1000 MW	105.01	96.41	101.54	101.19	100.10

表 4-14　燃煤发电工程标准概算分项造价指数（定比）

年度	容量等级	建筑工程费	设备购置费	安装工程费	其他费用	静态投资
2018 年	300MW	114.05	97.22	100.69	109.54	103.89
	600 MW	116.72	96.97	99.98	111.58	103.77
	1000 MW	116.58	95.73	96.33	108.23	101.64

续表

年度	容量等级	建筑工程费	设备购置费	安装工程费	其他费用	静态投资
2019 年	300MW	120.64	99.11	106.2	115.31	108.21
	600 MW	123.44	99.09	102.51	115.14	107.18
	1000 MW	122.15	98.77	99.64	108.41	104.92
2020 年	300MW	121.27	100.47	108.13	116.00	109.38
	600 MW	124.81	98.53	108.62	116.95	108.63
	1000 MW	128.27	95.23	101.18	109.71	105.03

注：2015 年为基期。

2018 年标准概算造价水平较 2017 年有所降低，各部分组成费用较 2017 年均有所下降；2019 年概算水平有明显上升，主要由于新版定额与预规的颁布，建筑工程费及安装工程费上涨；2020 年较 2019 年呈现小幅上涨趋势，主要受人工及材料费增长影响，建筑工程费、安装工程费及其他费用上涨。

4.2.1.2 燃机发电工程分项造价指数

9E 级、9F 级（纯凝）、9F 级（供热）燃机配置方案，建筑工程费、设备购置费、安装工程费、其他费用、静态投资等分项造价指数如表 4-15 和表 4-16 所示。

表 4-15 燃机发电工程标准概算分项造价指数（环比）

年度	容量等级	建筑工程费	设备购置费	安装工程费	其他费用	静态投资
2018 年	9E	101.2	97.36	99.67	102.29	98.9
	9F（纯凝）	99.77	96.72	98.41	102.19	98.15
	9F（供热）	99.61	97.14	99.56	102.2	98.55
2019 年	9E	105	100.68	102.94	103.4	102.01
	9F（纯凝）	105.11	96.74	100.66	100.06	98.92
	9F（供热）	101.97	95.91	100.6	99.94	98.04
2020 年	9E	100.58	100.00	101.42	100.32	100.32
	9F（纯凝）	100.79	100.01	100.91	100.29	100.28
	9F（供热）	101.16	99.99	100.27	100.27	100.26

表 4-16 燃机发电工程标准概算分项造价指数（定比）

年度	容量等级	建筑工程费	设备购置费	安装工程费	其他费用	静态投资
2018 年	9E	118.92	88.35	98.98	93.03	93.86
	9F（纯凝）	106.59	81.48	85.76	84.95	85.46
	9F（供热）	105.4	80.93	86.23	85.13	85.36
2019 年	9E	124.87	88.95	101.89	96.2	95.74
	9F（纯凝）	112.04	78.82	86.33	85	84.54
	9F（供热）	107.47	77.62	86.75	85.08	83.69
2020 年	9E	125.60	88.95	103.34	96.51	96.04
	9F（纯凝）	112.93	78.83	87.11	85.24	84.78
	9F（供热）	108.72	77.61	86.99	85.31	83.95

注：2015 年为基期。

2018 年~2020 年标准概算造价水平总体平稳，其中 9F 级燃机发电工程在 2018~2019 年呈持续下降趋势，2020 年有所回升；9E 级工程造价水平逐渐趋稳。

相较基期，燃机发电工程标准概算造价指数除建筑工程费分项外，其他单项造价及总体造价基本呈下降趋势。

4.2.1.3 架空输电线路工程分项造价指数

220kV~1000kV 架空输电线路工程分项造价指数如表 4-17 和表 4-18 所示。

表 4-17 架空输电线路工程标准概算分项造价指数（环比）

年度	电压等级	本体工程	材料费	其他费用	总造价	建场费
2018 年	1000kV	99.29	99.37	134.17	105.58	104.99
	±800kV	99.8	100.06	128.7	106.75	104.99
	750kV	99.27	99.35	142.96	107.14	105.19
	500kV	99.54	99.65	122.33	105.42	104.16
	±500kV	99.73	99.99	121.43	106.47	105.03
	330kV	99.39	99.54	119.51	106.01	105.29
	220kV	99.46	99.53	116.33	104.01	103.77

续表

年度	电压等级	本体工程	材料费	其他费用	总造价	建场费
2019年	1000kV	104.07	100.65	122.29	108.15	101.08
	±800kV	102.57	85.32	113.57	105.8	101.08
	750kV	101.69	96.68	117.66	105.26	100
	500kV	102.24	97.74	107.81	103.88	102.38
	±500kV	102.75	98.1	106.73	104.22	102.88
	330kV	105.39	98.78	105.78	105.5	101.12
	220kV	103.53	98.66	107.36	104.77	103.59
2020年	1000kV	100.08	100.03	99.13	99.84	100.00
	±800kV	100.37	100.63	99.95	100.24	100.00
	750kV	103.04	104.03	102.16	102.78	100.90
	500kV	100.17	99.37	104.53	101.44	104.97
	±500kV	98.69	99.08	103.36	100.36	104.97
	330kV	100.72	99.77	103.95	101.93	101.10
	220kV	100.23	100.40	105.23	101.80	103.29

表4-18 架空输电线路工程标准概算分项造价指数（定比）

年度	电压等级	本体工程	材料费	其他费用	总造价	建场费
2018年	1000kV	102.97	105.82	154.26	111.12	110.24
	±800kV	102.4	105.31	152.46	113.13	110.24
	750kV	98.65	99.69	199.13	112.38	116.15
	500kV	99.69	106.61	146.53	110.19	111.81
	±500kV	100.12	101.99	147.48	112.96	115.93
	330kV	98.89	98.84	142.21	111.48	116.23
	220kV	98.57	99.72	137.24	107.58	111.97
2019年	1000kV	107.16	106.51	188.65	120.17	111.43
	±800kV	105.03	89.85	173.15	119.69	111.43
	750kV	100.32	96.38	234.3	118.29	116.15
	500kV	101.92	104.2	157.97	114.46	114.48
	±500kV	102.87	100.05	157.41	117.72	119.27
	330kV	104.22	97.63	150.43	117.62	117.53
	220kV	102.04	98.38	147.34	112.72	115.99

	1000kV	107.24	106.54	187.01	119.98	111.43
	±800kV	105.42	90.42	173.07	119.98	111.43
	750kV	103.37	100.27	239.36	121.57	117.19
2020年	500kV	102.09	103.54	165.13	116.10	120.17
	±500kV	101.52	99.13	162.71	118.14	125.20
	330kV	104.97	97.40	156.37	119.90	118.83
	220kV	102.27	98.78	155.04	114.75	119.81

注：2015年为基期。

2018~2020年，架空输电线路工程标准概算总体呈上涨趋势。2018年标准概算指数中，本体工程费、材料费比2017年有小幅下降，但是其他费用上涨较快；2019年，本体工程费、其他费用均呈现上涨趋势；2020年，本体工程费基本持平，材料费整体持平，其他费用除特高压工程外均保持上涨趋势，标准概算造价上涨幅度较2018、2019年有所减缓。

相较基期，架空输电线路工程标准概算造价指数总体上涨，其中以其他费用涨幅最明显。

4.2.1.4 变电工程分项造价指数

220kV~1000kV变电工程标准概算分项造价指数如表4-19和表4-20所示。

表4-19　220kV~1000kV变电工程标准概算分项造价指数（环比）

电压等级	建设性质	2018年					2019年					2020年				
		建筑工程费	设备购置费	安装工程费	其他费用	总造价	建筑工程费	设备购置费	安装工程费	其他费用	总造价	建筑工程费	设备购置费	安装工程费	其他费用	总造价
1000kV	新建	101.37	101.04	99.65	100.31	100.93	106.66	98.15	101.14	97.65	99.02	129.20	100.52	103.98	104.62	103.82
±800kV	新建	100.13	99.55	99.56	99.82	99.64	104.72	105.44	100.7	98.45	104.46	102.52	101.05	108.14	101.44	101.66
750kV	新建	101.47	98.28	99.57	100.22	99.56	109.01	109.16	103.05	98.46	106.51	108.16	109.21	111.40	98.63	107.13
	扩主变	100	100	100	100	100	100	100	100	100	100	92.47	102.51	102.78	77.63	98.44
	扩出线	100	100	100	100	100	100	100	100	100	100	102.97	110.47	96.09	103.06	106.50
500kV	新建	101.08	103.44	99.77	101.36	102.11	111.79	107.46	99.63	99.56	105.87	96.86	114.38	106.33	97.66	107.69
	扩主变	101.41	106.3	100.26	104.87	105.04	116.27	109.81	115.47	92.93	109.09	100.33	109.66	102.09	93.82	106.74
	扩出线	102.63	101.02	100.11	105.44	101.49	116.68	115.3	104.32	100.47	108.72	109.09	117.22	117.02	112.75	116.70
±500kV	新建	100.34	101.09	100.84	100.42	100.86	110.05	100.54	95.7	91.71	100.37	100.35	100.61	100.73	100.29	100.54
330kV	新建	100.45	100.25	99.85	100.37	100.26	102.98	102.45	99.38	98.27	101.17	132.10	111.16	111.17	108.77	114.56
	扩主变	101.6	103.99	99.4	103.3	102.94	113.76	108.79	102.87	72.08	103.02	103.25	113.54	104.69	103.90	109.98
	扩出线	102.9	102.65	100.49	107.13	102.75	117.7	104.09	117.18	103	107.09	105.71	109.36	102.88	106.56	107.56
220kV	新建	103.84	96.14	99.21	100.35	98.53	106.07	105.48	106.22	98.29	104.36	118.49	102.92	107.15	103.31	106.76
	扩主变	103.67	97.08	98.98	100.78	98.03	112.01	106.23	116.13	93.43	106.69	119.83	113.81	101.26	107.91	111.60
	扩出线	103.22	99.2	98.2	105.98	100.26	120.81	103.07	127.82	96.32	106.93	105.00	121.36	103.51	103.85	112.62

表4-20 220kV~1000kV变电工程标准概算分项造价指数（定比）

电压等级	建设性质	2018年					2019年					2020年				
		建筑工程费	设备购置费	安装工程费	其他费用	总造价	建筑工程费	设备购置费	安装工程费	其他费用	总造价	建筑工程费	设备购置费	安装工程费	其他费用	总造价
1000kV	新建	109.65	87.03	97.89	93.88	89.8	116.95	85.42	99	91.67	88.92	151.10	85.86	102.94	95.91	92.32
±800kV	新建	103.04	95.53	96.5	97.44	96.54	107.91	100.72	97.18	95.93	100.85	110.63	101.78	105.09	97.31	102.51
750kV	新建	105.72	88.28	99.5	100.1	95.36	115.25	96.36	102.53	98.56	101.56	124.66	105.23	114.21	97.21	109.45
	扩主变	98.3	95.43	98.18	98	96.25	98.3	95.43	98.18	98	96.25	90.90	97.82	100.91	76.08	94.92
	扩出线	94.58	93.21	99.32	96.41	94.57	94.58	93.21	99.32	96.41	94.57	97.39	102.97	95.44	99.36	100.86
500kV	新建	108.56	87.02	101.7	101.24	94.86	121.36	93.51	101.32	100.8	100.43	117.54	106.95	107.74	98.44	107.27
	扩主变	112.04	90.94	94.98	98.41	93.38	130.26	99.86	109.67	91.45	101.87	130.69	109.51	111.96	85.80	108.26
	扩出线	112.85	85.99	103.45	96.08	90.72	131.68	99.15	107.92	96.53	98.63	143.65	116.23	126.29	108.83	116.93
±500kV	新建	112.06	93.77	101.13	100.77	97.14	123.33	94.27	96.78	92.41	97.5	123.76	94.84	97.49	92.68	98.04
330kV	新建	102.1	97.82	99.29	102.92	99.98	105.14	100.21	98.68	101.13	101.15	138.90	111.40	109.70	110.00	115.71
	扩主变	98.52	85.38	90.95	94.37	88.91	112.08	92.88	93.56	68.02	91.6	115.72	105.46	97.95	70.68	100.91
	扩出线	105.67	98.01	99.9	105.49	99.72	124.38	102.02	117.06	108.65	106.79	131.49	111.57	120.44	115.77	114.68
220kV	新建	98.4	84.99	107.76	97.83	92.22	104.37	89.64	114.46	96.16	96.24	123.67	92.26	122.64	99.34	103.94
	扩主变	108.12	85.65	97.02	93.61	89.23	121.1	90.99	112.67	87.46	95.2	145.12	103.55	114.09	94.38	106.93
	扩出线	109.15	93.53	101.66	101.73	96.44	131.86	96.4	129.94	97.99	103.13	138.45	116.99	134.50	101.76	120.57

注：2015年为基期。

2018 年标准概算造价指数中,建筑工程费、设备购置费、安装工程费与其他费用分项指数均有不同程度的上涨,部分电压等级方案差异导致少数分项费用出现小幅下降;2019 年,建筑工程费、设备购置费、安装工程费与其他费用分项指数均有不同程度的上涨;2020 年设备购置费整体上涨,建筑工程费及安装工程费大体上涨,总造价整体呈上涨趋势,部分电压等级由于方案差异呈下降趋势。

相较基期,2018 年标准概算造价总造价指数总体下降;2019 年至 2020 年总造价指数上涨的项目类型占比逐步扩大。

4.2.2　2018~2020 年度标准概算综合造价指数

各类型电力工程标准概算综合造价指数如表 4-21 和表 4-22 所示。2015 年 ~2019 年电力工程概算造价定比指数变化趋势如图 4-7 所示。

表 4-21　各类型电力工程标准概算综合造价指数(环比)

工程类型	2018 年	2019 年	2020 年
燃煤发电工程	99.59	103.48	100.86
燃机发电工程	98.54	99.69	100.29
电网工程	102.65	104.81	104.66
其中:架空输电线路工程	105.96	105.73	101.20
其中:变电工程	99.91	104.05	107.49

表 4-22　各类型电力工程标准概算综合造价指数(定比)

工程类型	2018 年	2019 年	2020 年
燃煤发电工程	103.04	106.62	107.55
燃机发电工程	88.25	87.98	88.23
电网工程	102.04	106.94	111.93
其中:架空输电线路工程	110.95	117.31	118.72
其中:变电工程	94.83	98.67	106.06

注:2015 年为基期。

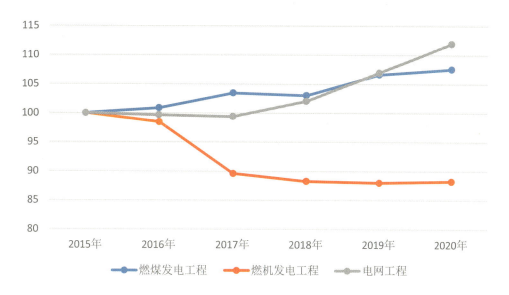

图 4-7　2015~2020 年电力工程概算造价定比指数变化趋势

基于环比指数，2018~2020 年燃煤发电工程标准概算造价总体呈上涨趋势，燃机发电工程降幅趋缓，基本保持平稳。电网工程呈逐年上涨趋势，并且电网工程较电源工程涨幅明显。

基于定比指数，2018~2020 年燃煤发电工程及电网工程标准概算综合造价较基期大体呈上涨趋势，而燃机发电工程呈现下降趋势。

4.3　水电工程建筑安装工程价格指数

水电建筑及设备安装工程价格指数（以下简称"水电建安价格指数"）是反映水电建设项目在一定时期由于市场资源价格变化对工程造价影响程度的一种指标。自 2002 年起，可再生能源定额站开始发布水电建安价格指数，每年分上下半年两期，包括分地区及全国的建安综合指数、建筑工程分部分项工程指数、安装工程分部分项工程指数和全国单一调价因子价格指数。

2020 年水电建筑安装工程价格指数的测算延续以往价格指数采集、测算方法，以 2015 年下半年为基期。

4.3.1　2020 年上半年、下半年主要调价因子价格指数

表 4-23　主要调价因子价格指数

主要调价因子指数		2020 年上半年			2020 年下半年		
		定基	环比	同比	定基	环比	同比
一	人工费	119.04	103.60	104.10	119.66	100.52	104.14
二	燃料、动力及主要材料						
1	电	79.83	100.00	90.94	79.83	100.00	100.00
2	水泥	150.03	96.19	96.43	145.45	96.95	93.26
3	钢筋	169.17	95.37	92.50	182.88	108.10	103.10
4	安装用钢材	154.09	95.62	95.38	161.54	104.83	100.24
5	板枋材	89.94	97.19	96.57	88.04	97.88	95.14
6	炸药	100.00	100.00	100.00	100.00	100.00	100.00
7	油料	123.08	88.85	87.10	115.11	93.52	83.10
8	粉煤灰	100.00	100.00	100.00	100.00	100.00	100.00
9	综合运杂费	105.29	97.20	96.96	103.86	98.64	95.88
三	施工机械折旧	100.90	98.84	99.90	101.55	100.64	99.47
四	管理性费用	115.72	102.83	103.41	116.05	100.28	103.12

注：定比价格指数以 2015 年下半年为基数 100，环比价格指数以上期为基数 100，同比价格指数以上年同期为基数 100。

4.3.2 2020年上半年水电建筑及设备安装工程价格指数

表4-24 水电建筑及设备安装工程价格指数（定比）

2020年上半年

类型		行业综合	地区指数								
			东北	华北	西北	川渝	贵州	西藏	云南	华东	中南
建安工程综合指数		116.64	116.01	118.58	117.05	117.87	116.52	117.51	112.41	119.89	119.13
建筑工程	当地材料坝工程	116.01	115.57	117.63	116.48	117.09	115.94	117.01	112.23	118.76	118.04
	混凝土坝工程	117.78	117.22	120.44	118.36	119.28	117.60	118.09	112.90	121.75	120.91
设备安装工程		111.18	108.57	109.15	109.70	111.15	111.30	115.97	109.42	111.76	111.40
分部分项工程	土方开挖工程	109.85	110.74	109.33	110.18	109.73	109.24	111.69	109.47	109.43	109.24
建筑工程	石方开挖工程	107.74	107.57	106.92	107.60	107.66	107.36	110.66	106.88	107.47	107.26
	土石方填筑工程	109.38	109.48	108.60	109.43	109.23	108.91	111.97	108.73	109.15	108.91
	砌石工程	115.70	113.88	116.80	115.16	116.45	114.49	117.84	112.24	118.95	118.13
	混凝土工程	112.88	112.35	117.18	112.89	114.49	110.99	112.97	107.32	118.59	118.00
	基础处理工程	111.45	110.17	113.36	110.79	112.48	110.38	114.23	106.94	115.06	114.49
	钢筋制作安装工程	138.26	137.42	140.55	141.07	141.11	142.41	136.21	131.14	142.20	140.15
	锚固工程	118.99	118.26	121.07	119.49	120.13	119.06	120.10	114.73	122.52	121.71
设备安装工程	水力机械安装工程	113.38	110.39	111.19	111.74	113.36	113.39	117.89	111.77	114.02	113.59
	电气设备安装工程	110.18	107.46	107.99	109.09	109.96	110.07	114.23	109.05	110.92	110.44
	起重设备安装工程	112.93	110.51	110.97	111.61	112.87	112.87	117.10	111.49	113.48	113.09
	闸门及止水管道安装工程	110.12	107.79	108.26	108.56	110.18	110.43	115.49	107.94	110.60	110.34

注：价格指数以2015年下半年基数100。

表4-25 水电建筑及设备安装工程价格指数（环比）
2020年上半年

类型		行业综合	地区指数								
			东北	华北	西北	川渝	贵州	西藏	云南	华东	中南
建安工程综合指数		98.60	97.53	97.97	97.88	98.84	97.16	98.58	98.46	98.48	98.28
分类工程	建筑工程 当地材料坝工程	98.31	97.29	97.67	97.58	98.54	97.09	98.29	98.18	98.15	97.93
	混凝土坝工程	98.46	97.46	97.97	98.01	98.65	96.73	98.51	98.34	98.39	98.28
	设备安装工程	102.07	100.01	100.25	98.99	102.97	101.92	101.44	101.46	101.93	100.85
分部分项工程	建筑工程 土方开挖工程	95.76	95.01	95.18	94.83	95.96	95.68	96.08	95.56	95.60	95.36
	石方开挖工程	98.57	97.49	97.70	97.07	98.97	98.50	98.54	98.24	98.44	97.95
	土石方填筑工程	97.47	96.42	96.63	96.13	97.81	97.37	97.54	97.16	97.32	96.89
	砌石工程	100.54	98.61	99.38	98.45	101.16	98.86	100.60	99.82	100.83	100.06
	混凝土工程	98.92	97.74	98.91	98.78	99.09	95.87	99.59	98.18	99.76	99.81
	基础处理工程	100.27	98.69	99.55	98.90	100.71	98.26	100.46	99.60	100.78	100.27
	钢筋制作安装工程	97.43	96.93	96.36	97.38	97.47	97.02	96.33	98.73	95.67	95.59
	锚固工程	98.90	97.74	98.17	98.10	99.19	97.50	98.83	98.72	98.81	98.54
	设备安装工程 水力机械安装工程	102.41	100.16	100.43	98.98	103.38	102.27	101.77	101.75	102.25	101.08
	电气设备安装工程	102.19	100.10	100.34	99.23	103.12	102.02	101.42	101.56	102.03	100.94
	起重设备安装工程	101.32	99.32	99.55	98.33	102.14	101.23	100.81	100.73	101.18	100.14
	闸门及压力管道安装工程	101.85	99.93	100.14	98.94	102.68	101.70	101.29	101.27	101.72	100.70

注：价格指数以上期发布的指数为基数100。

表 4-26 水电建筑及设备安装工程价格指数（同比）

2020 年上半年

类型			行业综合	地区指数										
				东北	华北	西北	川渝	贵州	西藏	云南	华东	中南
建安工程综合指数			97.48	96.67	97.57	97.58	97.39	96.11	98.54	97.11	97.79	98.26
分类工程	建筑工程	当地材料坝工程	97.16	96.42	97.17	97.18	97.07	96.04	98.14	96.85	97.39	97.78
		混凝土坝工程	97.30	96.47	97.59	97.62	97.18	95.63	98.42	96.85	97.77	98.33
	设备安装工程		101.61	100.47	100.47	100.24	101.79	101.41	102.57	101.33	101.10	101.17
分部分项工程	建筑工程	土方开挖工程	94.56	93.88	94.07	94.06	94.50	94.41	95.45	94.57	94.22	94.14
		石方开挖工程	97.79	97.05	97.21	97.07	97.81	97.66	98.63	97.68	97.46	97.44
		土石方填筑工程	96.51	95.71	95.88	95.81	96.49	96.37	97.38	96.46	96.15	96.10
		砌石工程	100.11	98.31	99.91	99.97	100.04	98.05	101.59	99.73	100.28	100.52
		混凝土工程	98.27	96.50	99.29	99.16	98.11	94.56	100.53	97.18	99.34	100.07
		基础处理工程	99.67	98.11	99.92	99.60	99.65	97.23	101.67	98.77	100.19	100.64
		钢筋制作安装工程	95.01	95.95	94.63	95.20	94.86	96.14	94.20	95.49	94.95	95.59
		锚固工程	97.95	97.09	97.98	97.94	97.87	96.56	99.04	97.58	98.27	98.71
	设备安装工程	水力机械安装工程	102.15	100.83	100.88	100.82	102.33	101.94	102.94	102.04	101.56	101.61
		电气设备安装工程	101.98	100.73	100.77	100.75	102.14	101.71	102.67	101.93	101.42	101.42
		起重设备安装工程	100.97	99.77	99.83	99.75	101.11	100.79	101.83	100.84	100.44	100.48
		闸门及压力管道安装工程	101.12	100.16	100.11	99.67	101.33	100.97	102.34	100.63	100.69	100.82

注：价格指数以上年同期为基数 100。

4.3.3 2020 年下半年水电建筑及设备安装工程价格指数

表 4-27 水电建筑及设备安装工程价格指数（定比）2020 年下半年

| 类型 | | | 行业综合 | 地区指数 | | | | | | | | | |
				东北	华北	西北	川渝	贵州	西藏	云南	华东	中南
建安工程综合指数			117.09	117.10	118.74	118.80	116.78	115.54	118.47	115.93	119.92	118.62
分类工程	建筑工程	当地材料坝工程	116.26	116.33	117.58	117.79	115.93	114.86	117.71	115.31	118.59	117.45
		混凝土坝工程	118.41	118.58	120.67	120.36	118.13	116.61	119.17	117.18	121.93	120.35
	设备安装工程		111.45	109.66	110.22	112.41	111.03	111.06	117.77	109.43	111.77	111.78
分部分项工程	建筑工程	土方开挖工程	107.04	107.97	106.63	107.88	106.81	106.31	109.45	106.59	106.47	106.41
		石方开挖工程	106.56	106.65	106.02	107.48	106.29	105.97	110.27	105.60	106.13	106.12
		土石方填筑工程	107.47	107.81	106.97	108.42	107.15	106.80	110.89	106.71	107.11	107.02
		砌石工程	115.11	114.72	116.84	118.08	114.77	113.00	118.96	112.72	118.04	116.87
		混凝土工程	111.68	113.02	116.45	115.36	111.78	108.78	113.27	108.15	117.30	115.24
		基础处理工程	111.01	111.26	113.53	113.70	110.94	109.17	115.36	107.65	114.41	113.20
		钢筋制作安装工程	145.16	142.64	144.14	143.83	143.98	144.77	140.52	149.38	147.42	145.46
		锚固工程	119.80	119.92	121.78	121.76	119.40	118.36	121.55	118.49	122.93	121.60
	设备安装工程	水力机械安装工程	113.76	111.66	112.42	114.94	113.30	113.19	119.90	111.90	114.08	114.07
		电气设备安装工程	110.35	108.45	108.97	111.47	109.73	109.72	116.07	108.93	110.86	110.74
		起重设备安装工程	112.93	111.32	111.77	114.03	112.49	112.37	118.59	111.22	113.20	113.20
		闸门及压力管道安装工程	110.39	108.85	109.29	111.13	110.09	110.25	117.17	107.97	110.62	110.71

注：价格指数以 2015 年下半年为基数 100。

表4-28 水电建筑及设备安装工程价格指数（环比）

2020年下半年

类型			行业综合	地区指数									
				东北	华北	西北	川渝	贵州	西藏	云南	华东	中南
建安工程综合指数			100.39	100.94	100.13	101.50	99.08	99.16	100.82	103.13	100.03	99.57
分类工程	建筑工程	当地材料坝工程	100.22	100.66	99.96	101.12	99.01	99.07	100.60	102.74	99.86	99.50
		混凝土坝工程	100.53	101.16	100.19	101.69	99.04	99.16	100.91	103.79	100.15	99.54
	设备安装工程		100.24	101.01	100.98	102.47	99.89	99.79	101.56	100.01	100.00	100.34
分部分项工程	建筑工程	土方开挖工程	97.44	97.50	97.53	97.91	97.34	97.32	97.99	97.37	97.30	97.41
		石方开挖工程	98.90	99.14	99.16	99.89	98.73	98.71	99.65	98.80	98.75	98.94
		土石方填筑工程	98.25	98.47	98.50	99.08	98.10	98.06	99.04	98.14	98.13	98.26
		砌石工程	99.49	100.74	100.03	102.54	98.56	98.70	100.95	100.43	99.23	98.93
		混凝土工程	98.94	100.60	99.38	102.19	97.63	98.01	100.27	100.77	98.91	97.66
		基础处理工程	99.61	100.99	100.15	102.63	98.63	98.90	100.99	100.66	99.44	98.87
		钢筋制作安装工程	104.99	103.80	102.55	101.96	102.03	101.66	103.16	113.91	103.67	103.79
		锚固工程	100.68	101.40	100.59	101.90	99.39	99.41	101.21	103.28	100.33	99.91
	设备安装工程	水力机械安装工程	100.34	101.15	101.11	102.86	99.95	99.82	101.70	100.12	100.05	100.42
		电气设备安装工程	100.15	100.92	100.91	102.18	99.79	99.68	101.61	99.89	99.95	100.27
		起重设备安装工程	100.00	100.73	100.72	102.17	99.66	99.56	101.27	99.76	99.75	100.10
		闸门及压力管道安装工程	100.25	100.98	100.95	102.37	99.92	99.84	101.45	100.03	100.02	100.34

注：价格指数以上期发布的指数为基数100。

表4-29 水电建筑及设备安装工程价格指数（同比）
2020年下半年

类型		行业综合	地区指数								
			东北	华北	西北	川渝	贵州	西藏	云南	华东	中南
建安工程综合指数		98.98	98.44	98.10	99.35	97.93	96.35	99.39	101.54	98.51	97.86
建筑工程	当地材料坝工程	98.52	97.93	97.63	98.68	97.57	96.18	98.87	100.87	98.01	97.44
	混凝土坝工程	98.99	98.59	98.15	99.67	97.70	95.92	99.41	102.07	98.54	97.83
设备安装工程		102.32	101.02	101.23	101.44	102.85	101.71	103.02	101.47	101.93	101.19
分部分项工程	土方开挖工程	93.31	92.63	92.83	92.85	93.41	93.12	94.15	93.04	93.01	92.89
建筑工程	石方开挖工程	97.49	96.66	96.88	96.96	97.71	97.22	98.19	97.07	97.22	96.91
	土石方填筑工程	95.77	94.95	95.18	95.24	95.95	95.49	96.60	95.35	95.50	95.21
	砌石工程	100.03	99.33	99.41	100.95	99.70	97.57	101.55	100.25	100.06	98.99
	混凝土工程	97.87	98.32	98.29	100.95	96.75	93.96	99.86	98.94	98.68	97.47
	基础处理工程	99.87	99.67	99.70	101.50	99.33	97.18	101.45	100.26	100.21	99.14
	钢筋制作安装工程	102.29	100.61	98.82	99.28	99.45	98.63	99.38	112.46	99.18	99.21
	锚固工程	99.58	99.12	98.74	99.97	98.59	96.93	100.02	101.95	99.15	98.45
设备安装工程	水力机械安装工程	102.75	101.32	101.54	101.82	103.33	102.09	103.50	101.87	102.30	101.50
	电气设备安装工程	102.35	101.02	101.25	101.39	102.91	101.70	103.05	101.45	101.98	101.22
	起重设备安装工程	101.32	100.04	100.27	100.46	101.80	100.78	102.09	100.49	100.93	100.24
	闸门及压力管道安装工程	102.10	100.91	101.09	101.29	102.60	101.54	102.76	101.29	101.74	101.04

注：价格指数以上年同期为基数100。

4.3.4 2015 至 2020 年水电工程价格指数趋势图

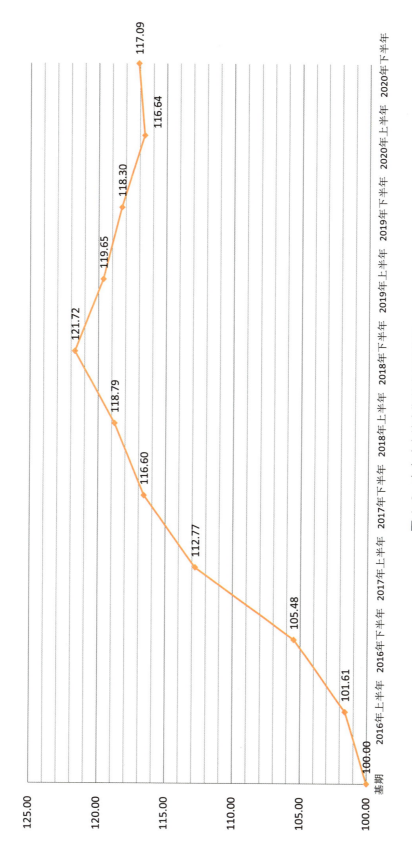

图 4-8 水电建安综合指数变化趋势图

图4-9 水电基期至2020年主要调价因子走势图（一）

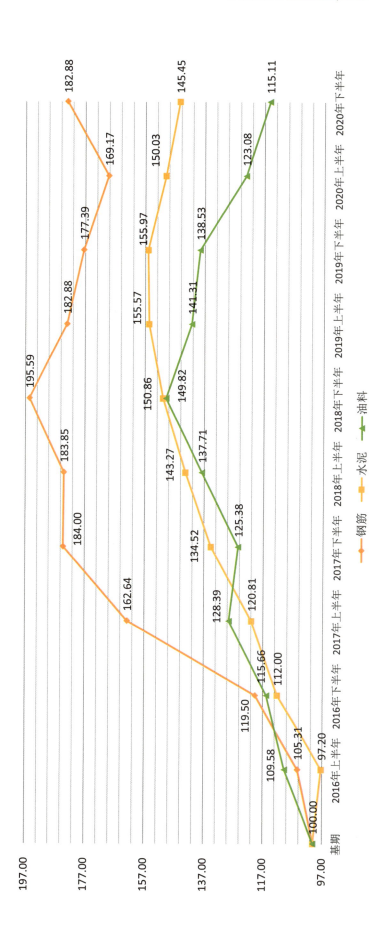

图 4-10 水电基期至 2020 年主要调价因子走势图（二）

第5章 2021~2023 年造价水平预测

5.1 电源工程造价水平预测

5.1.1 燃煤发电工程造价呈小幅上涨趋势

随着化解煤电过剩产能工作稳妥有序开展，2020 年煤电新增基建项目减少，同时 2020 年人工、材料价格上涨，概算单位造价较上年增加 0.9%。考虑到未来三年煤电市场规划容量有限、行业成本挖潜空间有限，预测 2021~2023 年煤电工程造价水平有小幅上涨。

图 5-1 2021~2023 年燃煤发电工程概算单位造价水平变化趋势预测（元 / 千瓦）

5.1.2 燃机发电工程造价呈小幅上涨趋势

2020 年燃机部分主设备价格下降，但人工、材料价格上涨，概算单位造价较上年增加 0.3%。考虑到未来三年燃机维持平稳发展势头，燃机价格下降空间有限，人工、材料价格预期上涨，预测 2021~2023 年燃机发电工程造价水平较 2020 年有小幅上涨。

图 5-2 2021~2023 年燃机发电工程概算单位造价水平变化趋势预测（元 / 千瓦）

5.1.3 三代核电工程造价呈小幅上涨趋势

2020 年我国核准的三代核电工程中华龙一号机组造价水平（建成价口径）约 1.55 万元 / 千瓦 ~1.65 万元 / 千瓦。

2015 年以来，华龙一号核电机组设计方案逐步固化，通过技术优化降低造价的潜力逐渐兑现。考虑到核电机组建设具有人工密集的特性，一定时期内人工、材料上涨的趋势对建安工程费产生较大压力，预测 2021~2023 年三代核电工程造价水平将有可能小幅度上涨。

5.1.4 水电工程造价呈上涨趋势

2017~2020 年受到开发成本上涨的影响，概算单位造价较 2015~2016 年增加 6.6%。考虑到未来三年新增常规水电项目开发难度加大，2021~2023 年常规水电工程造价将呈持续上涨趋势；受政策推动抽水蓄能电站开发建设步伐加快及装机规模影响，未来三年同规模抽水蓄能电站工程造价呈上涨趋势。

5.1.5　风电造价呈下降趋势

2020 年受补贴退坡及存量项目建设时限影响，短期内设备供应及施工资源紧张，风电项目单位造价水平有一定上涨。考虑到风电平价上网政策影响，预测 2021~2023 年风电工程造价水平降幅约为 5%。

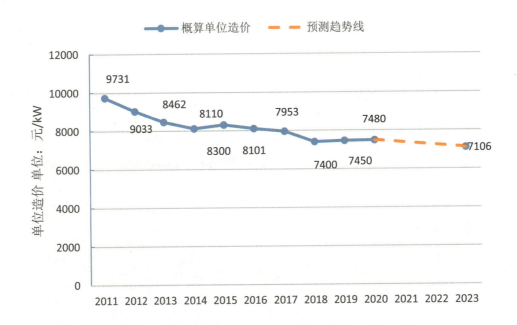

图 5-3　2021~2023 年风电单位造价水平变化趋势预测（元／千瓦）

5.1.6　光伏造价呈现下降趋势

2020 年受光伏组件大幅降价的影响，单位造价较上年下降 27%。考虑到 2021 年光伏组件价格上涨，2021 年光伏工程造价水平略有上涨，考虑到光伏平价上网政策影响以及光伏行业成本挖潜空间有限等因素，预测到 2023 年光伏工程造价水平较 2020 年的降幅约为 5%。

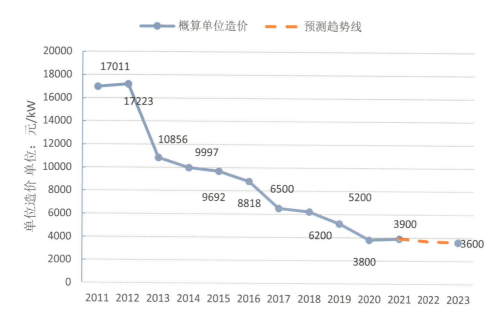

图 5-4　2021~2023 年光伏单位造价水平变化趋势预测

5.2　电网工程造价水平预测

根据电网工程近年来的造价情况，并结合物价变化、政策引导与技术进步等因素本节对电网工程造价水平的影响，本节对 2021~2023 年造价水平进行预测。

5.2.1　架空输电线路工程造价呈上涨趋势

2020 年线路工程造价由于导线、塔材以及地方性材料价格上涨，单位造价水平比 2019 年增加。2021~2023 年线路工程单位造价水平将有所上升，特高压架空线路工程上涨幅度为 2%~3%，110kV~750kV 线路工程的上涨幅度为 1%~2%。

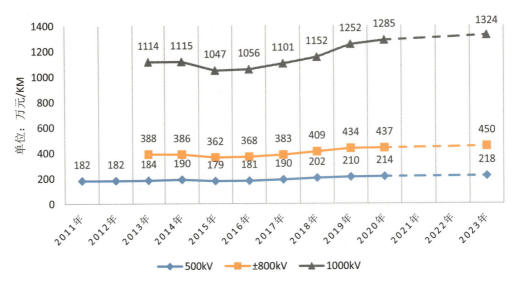

图 5-5　2021~2023 年架空输电线路工程单位造价变化趋势预测（万元／千米）

5.2.2　变电工程造价呈上涨趋势

2020 年变电工程由于供求关系影响主要设备价格上升，推高了单位造价水平。2021~2023 年变电工程单位造价整体上涨，各电压等级变电工程上涨幅度为 2%~4% 左右。

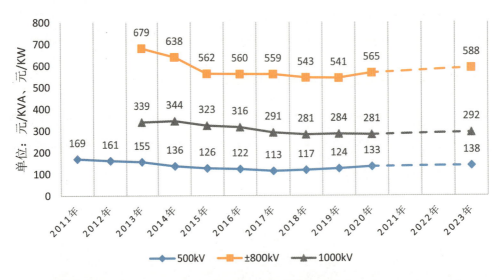

图 5-6　2021~2023 年变电工程单位造价变化趋势预测（元／千伏安、元／千瓦）

第三篇

电力价格篇

第6章　上网电价

6.1　政府定价部分

本节对煤电、风电、光伏、核电、水电等电源类型现有政府定价的价格水平以及 2020 年出台的相关政府定价政策进行梳理。

6.1.1　煤电上网电价

燃煤电厂上网电价政府定价政策演变主要经历了六大阶段：

第一阶段是 1985 年前由政府管制定价；

第二阶段在 1985~1997 年间执行还本付息电价；

第三阶段在 1997~2004 年间执行经营期电价；

第四阶段是 2004~2019 年期间执行标杆电价；

第五阶段是 2020 年以后执行上下浮动比例分别不超过 10%、15% 的"基准价＋上下浮动"电价；

第六阶段是 2021 年 10 月，在能源价格大幅上涨，电力、煤炭供需持续偏紧的现实背景下，国家发改委出台《关于进一步深化燃煤发电上网电价市场化改革的通知》（发改价格〔2021〕1439 号），提出有序放开全部燃煤发电电量上网电价，并通过市场交易在"基准价＋上下浮动"范围内形成上网电价。

《通知》确定了四项重点改革措施：

（一）有序放开全部燃煤发电电量上网电价。燃煤发电电量原则上全部进入电力市场，通过市场交易在"基准价＋上下浮动"范围内形成上网电价。现行燃煤发电基准价继续作为新能源发电等价格形成的挂钩基准。

（二）扩大市场交易电价上下浮动范围。将燃煤发电市场交易价格浮动范围由现行的上浮不超过 10%、下浮原则上不超过 15%，扩大为上下浮动原则上均不超过 20%，高耗能企业市场交易电价不受上浮 20% 限制。电力现货价格不受上述幅度限制。

（三）推动工商业用户都进入市场。各地要有序推动工商业用户全部进入电力市场，按照市场价格购电，取消工商业目录销售电价。目前尚未进入市场的用户，10 千伏及以上的用户要全部进入，其他用户也要尽快进入。对暂未直接从电力市场购电的用户由电网企业代理购电，代理购电价格主要通过场内集中竞价或竞争性招标方式形成，首次向代理用户售电时，至少提前 1 个月通知用户。已参与市场交易、改为电网企业代理购电的用户，其价格按电网企业代理其他用户购电价格的 1.5 倍执行。鼓励地方对小微企业和个体工商户用电实行阶段性优惠政策。

（四）保持居民、农业用电价格稳定。居民（含执行居民电价的学校、社会福利机构、社区服务中心等公益性事业用户）、农业用电由电网企业保障供应，执行现行目录销售电价政策。各地要优先将低价电源用于保障居民、农业用电。

《通知》自 2021 年 10 月 15 日印发以来，山东、江苏等地已各自组织开展了深化煤电上网电价市场化改革后的首次交易，成交均价较基准电价"顶格上浮"。

文件印发当日，山东、江苏等地电力市场成交价均较基准价有所上浮，基本触及此轮电价改革要求的上限。其中，10 月 15 日，山东电力交易中心组织开展了深化煤电上网电价市场化改革后的首次交易，共有 49 家燃煤发电企业（97 台机组）与 79 家售电公司和 5 家电力用户参与，成交电量达 110.7 亿千瓦时，成交均价较基准电价上浮 19.8%；江苏同日组织开展了 10 月中旬月内挂牌交易，共成交电量 19.98 亿千瓦时，成交均价为 468.97 元 / 兆瓦时，成交价较基准价上浮了 19.94%。

当前各省区燃煤基准价如表 6-1 所示。

表 6-1　各省区基准价　　　　　　　　　单位：元 /MWh

省区	基准价	省区	基准价
黑龙江	374.0	湖北	416.1
吉林	373.1	湖南	450.0
辽宁	374.9	江西	414.3
蒙东	303.5	四川	401.2
蒙西	282.9	重庆	396.4
天津	365.5	上海	415.5
河北北网	372.0	江苏	391.0

省区	基准价	省区	基准价
河北南网	364.4	浙江	412.3
山东	394.9	安徽	384.4
山西	332.0	福建	393.2
陕西	354.5	广东	453.0
甘肃	307.8	广西	420.7
青海	324.7	云南	335.8
宁夏	259.5	贵州	351.5
新疆	256.0	海南	429.8
河南	377.9		

6.1.2 核电上网电价

（1）二代核电上网电价政策

二代核电上网电价经历了从一厂一价定价到标杆电价定价的演化过程。其分界点为国家发改委于2013年6月发布的《国家发展改革委关于完善核电上网电价机制有关问题的通知》（发改价格〔2013〕1130号）。

2013年6月之前投产的二代核电机组，国家价格主管部门根据新建核电站的个别成本加合理利润的方式，单独核定各电厂的上网电价。2013年6月之后投产的二代核电则按照"标准电价孰低"的原则核定上网电价。一是对新建核电机组实行标杆上网电价政策。根据目前核电社会平均标准成本与电力市场供需状况，核定全国核电标杆上网电价为每千瓦时0.43元。二是全国核电标杆上网电价高于核电机组所在地燃煤机组标杆上网电价（含脱硫、脱硝加价，下同）的地区，新建核电机组投产后执行当地燃煤机组标杆上网电价。三是全国核电标杆上网电价低于核电机组所在地燃煤机组标杆上网电价的地区，承担核电技术引进、自主创新、重大专项设备国产化任务的首台或首批核电机组或示范工程，其上网电价可在全国核电标杆电价基础上适当提高。

（2）三代核电上网电价政策

2019年3月20日，国家发展改革委发布《关于三代核电首批项目试行上网电价的通知》（发改价格〔2019〕535号）。该通知文件如下：

2013年，国家发改委印发《关于完善核电上网电价机制有关问题的通知》（发改价格〔2013〕1130号），明确对承担技术引进的首批核电机组予以支持。结合所在省支持首批三代核电项目的意愿，现将三代核电首批项目试行上网电价等有关问题通知如下。

广东台山一期核电项目试行价格按照每千瓦时 0.4350 元执行；浙江三门一期核电项目试行价格按照每千瓦时 0.4203 元执行；山东海阳一期核电项目试行价格按照每千瓦时 0.4151 元执行。试行价格从项目投产之日起至 2021 年底止。

在确保安全的基础上，相关省份要按照原则性满发原则安排上述三代核电项目发电计划。其中，设计利用小时以内的电量按照政府定价执行，小时以外的电量按照市场价格执行。

从 535 号文的精神，可以分析国家对三代核电首堆的电价政策：

（1）原则上仍然执行《关于完善核电上网电价机制有关问题的通知》（发改价格〔2013〕1130 号）。在按照全国核电标杆电价政策框架下，考虑首堆因素。浙江三门一期核电项目试行电价在浙江燃煤基准电价每度电 0.4153 元的基础上加价 0.005 元。广东台山一期核电在核电标杆电价每度电 0.43 元的基础上加价 0.005 元。山东燃煤基准电价每度电仅为 0.3949 元，首堆经营压力较大。因此海阳试行电价看齐浙江三门一期的试行电价，较浙江三门一期项目的试行电价低 0.0052元，相比浙江燃煤基准价降低 0.0002 元。

（2）试行电价有效时间为 3 年。试行电价有效期 3 年，表明该电价政策 2021 年后将面临调整。

（3）设计利用小时以内的电量按照政府定价执行，小时以外的电量按照市场价格执行。在价格政策中同时明确了电量政策，电价电量政策相配套，有利于稳定三代核电首堆项目的收益。

6.1.3 风电上网电价

根据 2019 年 5 月国家发改委发布的《国家发展改革委关于完善风电上网电价政策的通知》（发改价格〔2019〕882 号），2020 年风电项目上网电价呈现指导价与平价上网并存的模式。其中，执行政府指导价的项目 2020 年 I～IV 类资源区的陆上风电指导价和海上风电指导价如表 6-2 所示；执行平价上网的风电项目其上网电价则参照其所在省区燃煤基准价执行。

2021 年底前仍未完成并网的陆上风电，国家不再补贴。自 2021 年 1 月 1 日开始，新核准的陆上风电项目全面实现平价上网，国家不再补贴。

表 6-2 2020 年 I～IV 类资源区的陆上风电及海上风电指导价　　　单位：元 /kWh

资源区	指导价	各资源区所包括的地区
I 类资源区	0.29	内蒙古自治区除赤峰市、通辽、兴安盟、呼伦贝尔市以外其他地区；新建维吾尔族自治区乌鲁木齐、伊犁哈萨克族自治州、克拉玛依市、石河子市
II 类资源区	0.34	河北省张家口市、承德市；内蒙古自治区赤峰市、通辽市、兴安盟、呼伦贝尔市；甘肃省嘉峪关市、酒泉市；云南省

资源区	指导价	各资源区所包括的地区
Ⅲ类资源区	0.38	吉林省白城市、松原市；黑龙江省鸡西市、双鸭山市、七台河市、绥化市、伊春市，大兴安岭地区；甘肃省除嘉峪关市、酒泉市以为其他地区；新疆维吾尔族自治区乌鲁木齐、伊犁哈萨克族自治州、克拉玛依市、石河子市以外其他地区；宁夏回族自治区
Ⅳ类资源区	0.47	除Ⅰ类、Ⅱ类、Ⅲ类资源区以外的其他地区
海上风电	0.75	

对于补贴范围内的风电项目，财政部、国家发改委、国家能源局印发的《关于促进非水可再生能源发电健康发展的若干意见》（财建〔2020〕4号）及其补充通知（财建〔2020〕426号），明确了按合理利用小时数核定可再生能源发电项目中央财政补贴资金额度的基本原则。基于上述原则，为确保存量项目合理收益，基于核定电价时全生命周期发电小时数等因素，确定了不同风资源区全生命周期合理利用小时数：风电一类、二类、三类、四类资源区项目全生命周期合理利用小时数分别为48000小时、44000小时、40000小时和36000小时。

对于海上风电项目，财建〔2020〕4号发布后新增海上风电则将不再纳入中央财政补贴范围，按规定完成核准（备案）并于2021年12月31日前全部机组完成并网的存量海上风力发电项目，按相应价格政策纳入中央财政补贴范围。对于纳入补贴范围的海上风电项目，其全生命周期合理利用小时数为52000小时。

2021年6月7日，国家发改委印发的《关于2021年新能源上网电价政策有关事项的通知》（发改价格〔2021〕833号）对2021年起新核准（备案）的海上风电项目上网电价政策进行了进一步明确，提出2021年起，新核准（备案）海上风电项目、光热发电项目上网电价由当地省级价格主管部门制定，具备条件的可通过竞争性配置方式形成，上网电价高于当地燃煤发电基准价的，基准价以内的部分由电网企业结算。

6.1.4 光伏上网电价

2020年3月，国家发改委发布《关于2020年光伏发电上网电价政策有关事项的通知》（发改价格〔2020〕511号），明确了2020年光伏发电上网电价政策，自2020年6月1日起执行。2020年各类光伏电价情况如表6-3所示。

表 6-3　2020 年光伏电价政策　　　　　　　　单位：元 /kWh

资源区	集中式电站指导电价		工商业分布式		户用分布式	各资源区所包括地区
	普通电站	村级扶贫	全额上网	自发自用		
I 类资源区	0.35	0.65	竞价上限 0.35 & 补贴≤ 0.05			宁夏，青海海西，甘肃嘉峪关、武威、张掖、酒泉、敦煌、金昌，新疆哈密、塔城、阿勒泰、克拉玛依，内蒙古除赤峰、通辽、兴安盟、呼伦贝尔以外地区
II 类资源区	0.4	0.75	竞价上限 0.35 & 补贴≤ 0.05	0.05	0.08	北京，天津，黑龙江，吉林，辽宁，四川，云南，内蒙古赤峰、通辽、兴安盟、呼伦贝尔，河北承德、张家口、唐山、秦皇岛，山西大同、朔州、忻州、阳泉，陕西榆林、延安，青海、甘肃、新疆除除 I 类外其他地区
III 类资源区	0.49	0.85	竞价上限 0.35 & 补贴≤ 0.05			除 I 类、II 类资源区以外的其他地区

与风电项目类似，根据财建〔2020〕4 号及其补充通知（财建〔2020〕426 号），按合理利用小时数核定可再生能源发电项目中央财政补贴资金额度的基本原则，光伏发电一类、二类、三类资源区项目全生命周期合理利用小时数分别为 32000 小时、26000 小时和 22000 小时。国家确定的光伏领跑者基地项目和 2019、2020 年竞价项目全生命周期合理利用小时数在所在资源区小时数基础上增加 10%。

而随着 2021 年国家发改委《关于 2021 年新能源上网电价政策有关事项的通知》（发改价格〔2021〕833 号）的出台，光伏补贴项目也将全面进入平价上网时代。根据通知要求，自 2021 年起，对新备案集中式光伏电站、工商业分布式光伏项目，中央财政不再补贴，实行平价上网。

6.1.5　水电上网电价

在 2004 年以前，我国水电站的上网电价按照"还本付息电价"或"经营期电价"两种方式制定，基本为"一厂一价"。此后，水电的电价政策经历了从标杆化、去标杆化再到标杆化的三次调整。

◇ 第一次标杆化

与煤电相同，在 2004 年 6 月发布的《关于疏导南方电网电价矛盾有关问题的通知》（发改价格〔2004〕1037 号）、《关于疏导华中电网电价矛盾有关问题的通知》（发改价格〔2004〕1038 号）、《关于疏导西北电网电价矛盾有关问题的通知》（发改价格〔2004〕1125 号）中，对湖南、四川、陕西、甘肃、宁夏、青海、广西、云南、贵州、海南这 10 个地区，规定了省内统一调度范围内新投产水电机组的标杆上网电价。

◇ **标杆电价取消**

由于不同水电站在开发成本、调节能力、增值税率等方面存在诸多差异，统一的标杆电价难以满足不同水电站的定价要求，水电企业出现亏损严重、更新改造资金不足等问题。2009 年 11 月 18 日，国家发改委发布《关于调整华中电网电价的通知》（发改价格〔2009〕2925 号）、《关于调整南方电网电价的通知》（发改价格〔2009〕2926 号）、《关于调整西北电网电价的通知》（发改价格〔2009〕2921 号），明确新建水电暂停执行水电标杆电价。

◇ **第二次标杆电价设定**

2014 年 1 月 11 日，国家发改委发布了《关于完善水电上网电价形成机制的通知》（发改价格〔2014〕61 号），对 2 月 1 日以后新投产的水电站，按照两种类型确定上网电价：

跨省跨区域交易价格由供需双方协商确定。跨省、跨区域送电水电站外送电量的上网电价按照受电地区落地价扣减输电价格（含线损）确定，其中，跨省（区、市）输电价格由国家发展改革委核定；跨区域电网输电价格由国家能源局审核，报国家发展改革委核准；受电地区落地价由送、受电双方参照受电地区省级电网企业平均购电价格协商确定。

省内上网电价实行标杆电价制度。各省（区、市）水电标杆上网电价以本省省级电网企业平均购电价格为基础，统筹考虑电力市场供求变化趋势和水电开发成本制定；水电比重较大的省（区、市），可在水电标杆上网电价基础上，根据水电站在电力系统中的作用，实行丰枯分时电价或者分类标杆电价。

此后，水电回归标杆电价政策，湖北、湖南、四川等地区也陆续出台了本省的水电标杆上网电价。至此，水电上网电价呈现为三种模式：按照"还本付息电价"或"经营期电价"制定的独立电价，省内执行的标杆电价，以及跨省跨区送电的协商电价。

2015 年 5 月 5 日，国家发改委发布了《关于完善跨省跨区电能交易价格形成机制的通知（发改价格〔2015〕962 号）》，以向家坝、溪洛渡和雅砻江梯级水电站为例，确定了按照落地省燃煤发电标杆上网电价和输电价格和线损倒推确定上网电价的跨省跨区送电价格形成机制。

6.1.6 燃气发电上网电价

根据国家发改委 2014 年出台的《关于规范天然气发电上网电价管理有关问题的通知》（发改价格〔2014〕3009 号），我国对于此政策出台后投产的天然气热电联产发电机组上网实行标杆电价政策。具体电价水平由省级价格主管部门综合考虑天然气发电成本、社会效益和用户承受能力确定；天然气调峰发电机组上网电价，在参考天然气热电联产发电上网标杆电价基础上，适当考虑两者发电成本的合理差异确定。通知同时明确了燃气机组最高电价不得超过当地燃煤发电上网标杆电价或当地电网企业平均购电价格每千瓦时 0.35 元。

从实际执行情况来看，不同省区对上述政策的执行力度存在一定差异，多数省区出台了燃气标杆电价，如山东、江苏、浙江等省区；少数省区仍沿用"一厂一核"方式核定电价，如北京、河南等。

从价格形式来讲，出台燃气标杆电价的省份，普遍采用两部制电价的电价形式，以江苏为例，其燃气上网电价如表 6-4 所示。

表 6-4　江苏燃气电站上网电价　　　　　　　　　　单位：元 /kWh

机组分类	容量电价（元 / 千瓦月）	电量电价（元 / 千瓦时）
调峰机组	28	0.436
热电联产机组		
40 万级机组	28	0.449
20 万级机组	32	0.484
10 万级机组	42	0.469

6.2　市场交易价格部分

6.2.1　国家电网公司范围内市场化交易情况

国家电网公司范围内交易电量总规模持续增长，市场化交易电网增长迅速。2020 年，国家电网经营区域市场化交易电量达 23152 亿千瓦时，同比增长 9.61%；降低电力用户用电成本 550 亿元，持续释放改革红利。

从价格水平来看，2020 年，国家电网经营范围内通过市场化交易平均降低电价 30.4 元 / 千瓦时，降幅的收窄一定程度上反映近年电煤价格高企，火电降价意愿明显下降。

6.2.2　南方电网公司范围内市场化交易情况

南方电网公司范围内市场化交易电量规模持续增长，2020 年南方电网区域市场化交易电量合计为 5298 亿千瓦时，占该区域全社会用电量的比重为 40.58%。

2020 年，市场化交易价格较政府定价水平平均下降 66.2 元 / 千瓦时，降幅与前两年基本持平。在一定程度上反映了南方区域市场价格水平的相对稳定。

6.2.3 内蒙古电力公司范围内市场化交易情况

内蒙古电力公司范围内 2020 年市场化交易电量合计为 1592.6 亿千瓦时。2020 年，市场化交易价格较电厂政府定价水平平均下降 44.1 元 / 千瓦时，降低电力用户用电成本 86.1 亿元。

6.3 燃料价格分析

燃料成本价格是发电成本的重要组成部分，同时也是影响发电项目经济性的重要因素。本报告旨在梳理过去一年电煤及天然气价格，为相关从业人员分析发电项目经济性提供一定的参考。

6.3.1 燃煤价格信息

2020 年受新冠疫情、上下游供需变化以及内外政策因素等影响，国内动力煤市场价格先弱后强，经历了连续下跌、持续强势上涨等两大轮价格走势。2021 年以来，煤炭价格则一路走高，并于 8 月份之后出现一波明显的跳涨走势，引发了市场各方的高度关注。图 6-1 为 2020 年初至 2021 年 10 月秦皇岛港及送至广州港、上海港、江阴港的全年现货价格。

图 6-1 2020 年年初至 2021 年 11 月标煤价格趋势

第一阶段（2020 年 1 月 -7 月）：受春节假期前后影响，上游煤矿供应下滑，较多市场户发运提前停止，导致北港库存降库至全年较低位，产地和港口需弱供更弱，在优质货源尤为紧缺之下，国内上下游煤价缓慢上涨；其后国内新冠肺炎疫情爆发，上游煤矿率先恢复产运销，叠加高速公路免费政策，各环节发运成本降低，但疫情影响使下游社会企业复工缓慢，电厂煤耗和非电需求持续低迷，加之中下游港口库存急剧累库至历史高位，各大煤企实行量价优惠政策，外加进口煤价格持续下挫，北港煤价接连跌破年长协、535基准价，且随着煤价跌至历年低位。

第二阶段（2020年8月-12月）：随着国内疫情得到有效控制，下游企业复工超预期加快，导致各终端刚性需求大规模且集中释放，叠加水电阶段性乏力、部分外来电和特高压陆续检修，再有上游煤矿实际产量偏紧，大秦线等铁路运力相继检修，使得北港库存急降至历史低位。另外在各期货合约交割背景下结构性缺货异常显著，加之上半年国内煤炭进口量提前透支后期额度，北港煤价触底反弹，其后受政策性调控预期和市场利空等因素影响，北港煤价呈现小波段高位涨跌调整。但三、四季度产地环保安全生产下供应紧张，以及进口煤外部补充严重不足，进而在下游旺季需求持续旺盛的情况下，煤价持续超预期强势上涨至全年高位835元/吨。

因此，从2020年上半年受新冠肺炎疫情和供需错配影响而煤价接连下行，到下半年煤价触底反弹，特别是四季度煤价大幅强势上涨，实质上是全年动力煤市场供需矛盾的累积爆发，主要是国内主产区原煤产量增速平缓，且内蒙古地区煤矿产能及产量大幅受限，叠加进口煤上下半年分配不均，以及部分进口煤种维持严控，加之在整体市场需求超预期向好下，使得国内动力煤市场呈现供弱需强格局，现货煤价高位运行。

第三阶段（2021年1月-10月）：延续了2020年下半年的上涨态势，煤炭价格持续上涨，一方面是产能不足，另一方是需求继续强劲。具体而言，从供应角度来看，一方面，主产地安全、环保政策收紧，煤炭增产受限。另一方面，受全球经济复苏推动和美元超发等宽松货币政策影响，资金持续流入顺周期板块，国际煤价和国际海运费延续涨势，进口煤到岸价优势弱化，叠加中澳关系再度紧张等因素，进口煤明显收缩。从需求端看，我国经济持续向好发展，国外疫情反复，制造业订单加速回流国内，带动用电需求明显增加。上述因素共同导致了2021年煤炭价格的持续走高，并于10月份再创历史价格新高。

第四阶段（2021年10月中旬至今）：随着10月中旬国家发改委提出将充分运用《价格法》规定的一切必要手段对煤炭价格进行干预的具体措施，促进煤炭价格回归合理区间，促进煤炭市场回归理性，煤炭价格应声回落，截止到2021年11月10日，煤炭价格已较最高位价格回落8.13%。

6.3.2 天然气价格信息

现阶段，各省区天然气价格由"门站价格＋管输价格"构成。其中，门站价格执行政府定价，各省区天然气基准门站价格如表6-5所示。

表6-5 各省（区、门）天然气基准门站价格表 单位：元／千立方米

省区	基准价	省区	基准价
北京	1860	湖北	1820
天津	1860	湖南	1820
河北	1840	广东	2040
山西	1770	广西	1870
内蒙古	1220	海南	1520
辽宁	1840	重庆	1520
吉林	1640	四川	1530
黑龙江	1640	贵州	1590
上海	2040	云南	1590
江苏	2020	陕西	1220
浙江	2030	甘肃	1310
安徽	1950	宁夏	1390
江西	1840	青海	1150
山东	1840	新疆	1030
河南	1870		

第 7 章　输配电价

在 2020 年初修订出台的《省级电网输配电价定价办法》和《区域电网输电价格定价办法》指导下，2020 年中，第二监管周期省级电网输配电价、区域电网输电价格正式发布。其中，省级电网输配电价工商业用户输配电价有所下降，与 2020 年政府工作报告关于降低一般工商业用能成本的导向一致。区域电网输电价格中容量及电量电价均有较为明显的下降，主要是因为新版《区域电网输电价格定价办法》进一步完善了电量电费、容量电费比例计算方法以及容量电费在各省分摊方法，同时区域电网与省级电网同步开展成本监审，衔接更为流畅，保证了成本费用的不重不漏。此外，首次根据省网对外送电的支撑成本，核定了差异化的省外送电省内输配电价，改变了沿用多年的"三分钱"全国一个标准的情况，有力地促进了电力资源在更大范围内优化配置。

7.1　省级电网

省级电网输配电价包含增值税、线损、区域电网容量电价，不包含政府性基金及附加。本章按照两部制电价、单一电量制电价两种形式分别整理了各省第二监管周期输配电价，其中两部制电价大多用于大工业用户，上海、海南等地一般工商业电价也存在两部制电价形式。

表 7-1　第二监管周期各省两部制（大工业）输配电价一览表　　　单位：元 /kWh

省区	电度电价（元 / 千瓦时）							容（需）量电价	
	不满1kV	1-10kV	20kV	35kV	110kV	220kV	330kV	最大需量（元／千瓦·月）	变压器容量（元／千伏安月）
北京		0.2042		0.1837	0.1594	0.1579		48	32
天津	0.3518	0.2243		0.1899	0.1753	0.16		25.5	17
河北		0.1694		0.1544	0.1394	0.1344		35	23.3
冀北		0.1287		0.1137	0.0987	0.0937		35	23.3
山西		0.1136	0.1136	0.0836	0.0586	0.0386		36	24
山东		0.1809		0.1619	0.1459	0.1169		38	28
上海	0.2484	0.229	0.229	0.1797	0.1519	0.1519		42	28
上海（一般工商业）	0.1677	0.1439	0.1439	0.1216	0.0969	0.0969		34.02	22.68
江苏		0.1764	0.1664	0.1514	0.1264	0.1014		40	30
浙江		0.1772	0.1572	0.1472	0.1272	0.1102		40	30
安徽		0.1763		0.1513	0.1263	0.1013		40	30
福建		0.1523		0.1323	0.1123	0.0923		34.2	22.8
湖北		0.1454	0.1256	0.1256	0.1075	0.0885		38	25
湖南		0.1963		0.1673	0.1393	0.1153		30	20
江西		0.1735		0.1585	0.1435	0.1335		39	26
河南		0.2052		0.1892	0.1712	0.1612		28	20
四川		0.1626		0.1355	0.0958	0.0668		33	22
重庆		0.1838	0.1838	0.1555	0.1332	0.1132		36	24
辽宁		0.1237	0.1189	0.1072	0.0924	0.0807		33	22
吉林		0.1685		0.1535	0.1385	0.1235		33	22
黑龙江		0.168		0.1468	0.1342	0.1092		33	22
蒙东		0.1734		0.1664	0.127	0.104		28	19
蒙西		0.0885		0.0735	0.0615	0.0545		28	19
陕西		0.1054	0.1054	0.0854	0.0654	0.0604		31	22
甘肃		0.0978		0.0838	0.0718	0.0608		28.5	19
宁夏		0.1108		0.0958	0.0808	0.0658	0.0578	30	20
青海		0.0859		0.0759	0.0659	0.0659	0.0559	28.5	19
新疆		0.1305		0.1223	0.1105	0.0938	0.0938	33	26
广东		0.1074	0.1074	0.0386	0.0386	0.0212		32	23
广西		0.27	0.27	0.1243	0.0993	0.0471		34	27.5
云南		0.1459		0.1229	0.0791	0.0611		37	27
贵州		0.1616	0.1616	0.1271	0.0905	0.0657		32	23
海南（315 千伏安及以上）		0.1867		0.1332	0.1315	0.1217		38	26
海南（一般工商业 100 千伏安及以上）		0.1867		0.1332	0.1315	0.1217		31.6	21.6

表 7-2　各省单一电量制电价（一般工商业及其他用户）输配电价一览表　　单位：元 /kWh

省区	不满 1kV	1-10kV	20kV	35kV	110kV	220kV
北京	0.406	0.3891		0.3649	0.3181	0.2781
天津	0.2653	0.2577		0.1968	0.1351	0.1315
河北电网	0.1809	0.1659		0.1559		
冀北	0.1374	0.1224		0.1124		
山西	0.1456	0.1256	0.1256	0.1106		
山东	0.1993	0.1855		0.1717		
上海	0.2943	0.251	0.251	0.2094		
江苏	0.236	0.211	0.201	0.186		
浙江	0.2611	0.2303	0.2141	0.206		
安徽	0.2065	0.1915		0.1765		
福建	0.175	0.155		0.135	0.115	0.095
湖北	0.2294	0.2094	0.1894	0.1894		
湖南	0.2565	0.2365	0.2165	0.1965		
江西	0.1806	0.1656		0.1506		
河南	0.2126	0.1851		0.1583	0.1316	
四川	0.2734	0.2511		0.2288		
重庆	0.2583	0.2883	0.2883	0.2183	0.2033	
辽宁	0.2501	0.2384	0.2346	0.2249		
吉林	0.3041	0.2891		0.2741		
黑龙江	0.3161	0.3061		0.2961	0.2761	
蒙东	0.3984	0.3613		0.2756		
蒙西	0.1647	0.1375		0.1225		
陕西	0.1851	0.1651	0.1651	0.1451		
甘肃	0.3065	0.2965		0.2865		
宁夏	0.2096	0.1896		0.1696		
青海	0.1655	0.1605		0.1555		
新疆	0.1737	0.1707		0.1667		
广东	0.1995	0.1834	0.1834	0.1741	0.1741	
广西	0.3184	0.3034	0.3034	0.2884		
云南	0.1411	0.1311		0.1211		
贵州	0.2791	0.2525	0.2525	0.2335		
海南	0.3062	0.2831				

表 7-3　深圳输配电价一览表

用电分类		电度电价（元／千瓦时）					容（需）量电价	
		10kV 高供高计	10kV 高供低计	20kV	110kV	220kV 及以上	最大需量（元／千瓦·月）	变压器容量（元／千伏安·月）
深圳	一、工商业及其他用电（101-3000 千伏安） 每月每千伏安用电 250 千瓦时及以下	0.1804	0.2054	0.1744	0.1554	0.1304	54	22
	每月每千伏安用电 250 千瓦时及以上	0.1604	0.1854	0.1544	0.1354	0.1104		
	工商业及其他用电（3001 千伏安及以上） 每月每千瓦用电 400 千瓦时及以下	0.1304	0.1554	0.1244	0.1054	0.0804	42	32
	每月每千瓦用电 400 千瓦时及以上	0.1104	0.1354	0.1044	0.0854	0.0604		
	三、工商业及其他用电（100 千伏安及以下和公变接入用电）		0.2385					

7.2 区域电网

　　华北、华东、华中、东北、西北五个区域电网第二监管周期输电价格采用两部制形式，价格水平较第一监管周期有较大下降，具体价格水平如表 7-4 所示。其中，电量电价按区域电网实际交易结算电量收取，由购电方承担；容量电价作为上级电网分摊费用通过省级电网输配电价回收。对京津唐电网的特殊情况增加了专门解决方案，明确京津唐电网范围内，位于北京、天津、河北境内的电厂参与京津唐地区交易电量不纳入华北电网电量电费计收范围。

表 7-4　区域电网 2020-2022 年输电价格表（含增值税）　　　单位：元／千瓦时

区域	电量电价	容量电价	
		省份	水平
华北	0.0071	北京	0.0175
		天津	0.0129
		冀北	0.0048
		河北	0.0035
		山西	0.0011
		山东	0.0018

区域	电量电价	容量电价	
		省份	水平
华东	0.0095	上海	0.0072
		江苏	0.0034
		浙江	0.0046
		安徽	0.0039
		福建	0.0023
华中	0.0100	湖北	0.0015
		湖南	0.0028
		河南	0.0028
		江西	0.0028
		四川	0.0004
		重庆	0.0019
东北	0.0087	辽宁	0.0031
		吉林	0.0034
		黑龙江	0.0031
		蒙东	0.0041
西北	0.0200	陕西	0.0012
		甘肃	0.0029
		青海	0.0017
		宁夏	0.0015
		新疆	0.0009

通过区域电网购电的电力交易用户，其购电价格 = 市场交易价格 + 送出省输电价格 + 区域电网电量电价及损耗 + 落地省省级电网输配电价 + 政府性基金及附加。

◇ 核定差别化网对网省外送电价格

第二监管周期对省外送电进行了更为细致的定价，充分考虑外送电省份实际情况，制定了差别化的外送电输电价格，将有力地促进电力资源在更大范围内优化配置。"网对网"省外送电价格如表 7-5 所示。

表 7-5 差别化"网对网"省外送电价格一览表

省级电网	外送价格（含税、含线损）
冀北电网	500 千伏"网对网"外送电省外购电用户承担的送出省输电价格不超过每千瓦时 0.03 元。
山西电网	500 千伏"网对网"外送电省外购电用户承担的送出省平均输电价格为每千瓦时不超过 0.0193 元，最高不超过每千瓦时 0.03 元。
蒙东电网	220 千伏及以上"网对网"外送电省外购电用户承担的送出省输电价格为每千瓦时不超过 0.03 元。
辽宁电网	500 千伏"网对网"外送电省外购电用户承担的送出省平均输电价格为每千瓦时不超过 0.0245 元，最高不超过每千瓦时 0.03 元。
吉林电网	3.500 千伏"网对网"外送电省外购电用户承担的送出省平均输电价格为每千瓦时不超过 0.021 元，最高不超过每千瓦时 0.03 元。
黑龙江电网	500 千伏"网对网"外送电省外购电用户承担的送出省输电价格为不超过 0.03 元 / 千瓦时。
福建电网	500 千伏及以上"网对网"外送电省外购电用户承担的送出省输电价格为每千瓦时不超过 0.0259 元。
江西电网	500 千伏"网对网"外送电省外购电用户承担的送出省输电价格为每千瓦时不超过 0.03 元。
河南电网	500 千伏"网对网"外送电省外购电用户承担的送出省输电价格为每千瓦时不超过 0.0225 元。
湖北电网	500 千伏"网对网"外送电省外购电用户承担的送出省输电价格为每千瓦时不超过 0.03 元。
湖南电网	500 千伏"网对网"外送电省外购电用户承担的送出省输电价格为每千瓦时不超过 0.0229 元。
广西电网	500 千伏"网对网"外送电省外购电用户承担的送出省输电价格为每千瓦时不超过 0.0165 元。
重庆电网	500 千伏"网对网"外送电省外购电用户承担的送出省输电价格为每千瓦时不超过 0.0219 元。
四川电网	500 千伏"网对网"外送电省外购电用户承担的送出省输电价格为每千瓦时不超过 0.06 元。
贵州电网	"网对网"外送电省外购电用户承担的送出省平均输电价格为每千瓦时不超过 0.03 元，其中 500 千伏输电价格为每千瓦时不超过 0.0276 元。
云南电网	500 千伏"网对网"外送电省外购电用户承担的送出省内输电价格为每千瓦时不超过 0.064 元。
陕西电网	110 千伏及以上"网对网"外送电省外购电用户承担的送出省平均输电价格为每千瓦时不超过 0.022 元，最高不超过每千瓦时 0.03 元。
甘肃电网	500 千伏及以上"网对网"外送电省外购电用户承担的送出省平均输电价格为每千瓦时不超过 0.0261 元，最高不超过每千瓦时 0.03 元。
青海电网	500 千伏及以上"网对网"外送电省外购电用户承担的送出省平均输电价格为每千瓦时不超过 0.03 元。
宁夏电网	500 千伏及以上"网对网"外送电省外购电用户承担的送出省平均输电价格为每千瓦时不超过 0.0169 元，最高不超过每千瓦时 0.03 元。
新疆电网	500 千伏及以上"网对网"外送电省外购电用户承担的送出省输电价格为每千瓦时不超过 0.0349 元。

7.3 跨省跨区专项工程

2021 年，为加快深化电价改革，进一步提升跨省跨区专项工程输电价格核定的科学性、合理性，国家发改委对 2017 年出台的《跨省跨区专项工程输电价格定价办法（试行）》（发改价格规〔2017〕2269号）作了修订，形成了《跨省跨区专项工程输电价格定价办法》（发改价格规〔2021〕1455号）。该办法健全了事前核定、定期校核的闭环定价程序，明确了电价调整条件，清晰界定了专项工程范围及电价形式，首次提出了输电权交易探索，并且提高了电网企业行为目标与政府定价目标的一致性（详细解读见第9章政策解读章节）。

已核价跨省跨区专项工程定价目前仍执行《关于降低一般工商业电价的通知》（发改价格〔2019〕842号），如表7-6所示。文件规定专项工程降价形成的降价空间在送电省、受电省之间按照1：1比例分配。随着发改价格规〔2021〕1455号的颁布，存量工程暂不调整价格，收入分享、定期校核等其他机制按照新办法执行。

表7-6　跨省跨区专项输电工程

专项工程	输电价格（含税）（元／千千瓦时）	线损率（％）
龙政直流	67.5	7.50
葛南直流	55.8	7.50
林枫直流	43.9	7.50
宜华直流	68.5	7.50
江城直流	38.5	7.65
三峡送华中	45.1	0.70
阳城送出	20.7	3.00
锦界送出	18.1	2.50
府谷送出	14.5	2.50
中俄直流	37.1	1.30
呼辽直流	42.0	4.12
青藏直流	60.0	13.70
锦苏直流	51.1	7.00
向上直流	57.1	7.00
宾金直流	45.4	6.50
灵宝直流	40.3	1.00
德宝直流	33.6	3.00
高岭直流	23.5	1.70
辛洎线	40.0	0
晋东南－南阳－荆门特高压交流	25.1	1.50
哈郑直流	61.3	7.20
宁东直流	50.8	7.00
宁绍直流	65.9	6.50

续表

专项工程	输电价格（含税）（元／千千瓦时）	线损率（%）
酒湖直流	60.2	6.50
溪广线	49.5	6.50
云南送广东	75.5	6.57
贵州送广东	75.5	7.05
云南送广西	53.8	2.98
贵州送广西	53.8	3.47
天生桥送广东	59.5	5.63
天生桥送广西	37.8	2.00

通过跨省跨区专项工程参与电力市场交易的用户，其购电价格＝市场交易价格＋送出省输电价格＋跨省跨区专项工程输电价格及损耗＋落地省省级电网输配电价＋政府性基金及附加。

第8章 销售电价

销售电价由上网电价、输配电价（含线损及政策性交叉补贴）、辅助服务费用、政府性基金及附加等部分构成。销售电价计价方式包括目录电价、分时电价、优惠电价等。

8.1 目录电价

2021 年以来，电力、钢铁、建材、化工等行业用煤需求旺盛，煤炭供应紧张，煤炭价格持续高位运行，燃煤发电企业经营困难、发电意愿不足。为进一步深化电价市场化改革，2021 年 10 月 11 日，国家发展改革委印发《关于进一步深化燃煤发电上网电价市场化改革的通知》（发改价格〔2021〕1439 号），有序放开全部燃煤发电电量上网电价，推动工商业用户都进入市场，取消工商业目录电价，对暂未从电力市场直接购电的工商业用户由电网企业代理购电；鼓励地方对小微企业和个体工商户用电实行阶段性优惠政策，居民、农业和公益性事业保持现行销售电价水平不变。该措施是电力体制改革"管住中间、放开两头"总体要求的具体体现，彻底改变了工商业用户电价"双轨制"局面，进一步加快了电力体制改革进程。

全国内陆 31 个省市 2020 年目录电价均执行 2019 年有关电价政策。按照《关于进一步深化燃煤发电上网电价市场化改革的通知》（发改价格〔2021〕1439 号）要求，10 月 15 日起取消工商业目录电价，居民、农业和公益性事业保持现行销售电价水平不变。2020 年全国居民、农业目录销售电价最大及最小值水平如表 8-1 所示。

表 8-1 全国居民、农业目录销售电价最大、最小值表（2020 年）

用电类型	电压等级	目录销售电价（元／千瓦时）		
		平均值	最大值	最小值
居民生活用电		0.5060	0.6170（北京）	0.3771（青海）
农业生产用电		0.5029	0.6870（浙江）	0.2845（蒙西）

注：1. 居民生活用电为"一户一表"第一档用户各电压等级销售电价平均值；
　　2. 蒙东电网以赤峰通辽电网为例，广东省以广州市为例，陕西省不含榆林地区，西藏以中部电网为例。

8.2 分时电价

2021 年 7 月 26 日，国家发展改革委印发《关于进一步完善分时电价机制的通知》（发改价格〔2021〕1093 号），提出进一步完善峰谷电价机制，合理确定峰谷电价价差，上年或当年预计最大系统峰谷差率超过 40% 的地方，峰谷电价价差原则上不低于 4:1，其他地方原则上不低于 3:1；建立尖峰电价机制，尖峰电价在峰段电价基础上上浮比例原则上不低于 20%；日内用电负荷或电力供需关系具有明显季节性差异的地方，健全季节性电价机制。此外，进一步明确分时电价机制执行范围，对不适宜错峰用电的一般工商业电力用户，可研究制定平均电价，由用户自行选择执行。该项措施可充分发挥分时电价信号作用，服务以新能源为主体的新型电力系统建设，提升电力系统整体利用效率，促进能源绿色低碳发展。

8.3 优惠电价

2020 年，为应对新冠肺炎疫情对经济社会的冲击，缓解疫情防控期间企业经营压力，国家快速响应，建立阶段性降电价与长效降成本相结合的降价措施，共出台 4 项降电价措施，多措并举降低企业用电成本，缓解企业生产经营压力，帮助企业渡过难关。

（1）2020 年 2 月 7 日，国家发展改革委印发《关于疫情防控期间采取支持性两部制电价政策降低企业用电成本的通知》（发改办价格〔2020〕110 号），要求国网、南网、内蒙古电力公司采取支持性两部制电价政策，对疫情防控期间不能正常开工、复工的企业，放宽容量电费缴纳限制；对因满足疫情防控需要扩大产能的企业，原选择按合同最大需量方式缴纳容（需）量电费的，实际最大用量不受合同最大需量限制；对为疫情防控直接服务的新建、扩建医疗等场所用电需求，采取免收高可靠性供电费等措施，全方位降低疫情防控期间企业用电成本。

（2）2020年2月22日，国家发展改革委印发《关于阶段性降低企业用电成本 支持企业复工复产的通知》（发改价格〔2020〕258号），针对除高耗能行业用户外的执行一般工商业及其他电价、大工业电价的电力用户，电费结算时统一按原到户电价水平的95%结算，降价措施截止时间为6月30日。该措施全面推进降低用电成本工作，减轻企业用电负担，有序推动企业复工复产。

（3）2020年6月24日，国家发展改革委印发《关于延长阶段性降低企业成本政策的通知》（发改价格〔2020〕994号），将发改价格〔2020〕258号降价措施延长至2020年12月31日，保持降成本态势不减。

（4）2020年7月18日，国家发展改革委等四部委联合印发《关于做好2020年降成本重点工作的通知》（发改运行〔2020〕1183号），提出继续降低一般工商业电价，降低除高耗能行业用户外的现执行一般工商业、大工业电价的电力用户到户电价5%至年底。该项措施是继2018年、2019年降低一般工商业电价政策的延续，有助于进一步降低企业用电成本，有力促进全面复工复产和经济社会平稳运行。

第四篇

经济分析篇

第9章　政策解读

本章主要针对国家能源价格主管部门于 2020 年 7 月 ~2021 年 10 月间发布的重要电价政策及电力经济政策开展解读分析工作。

9.1《关于进一步完善抽水蓄能价格形成机制的意见》解读

2021 年 5 月，国家发展改革委发布《关于进一步完善抽水蓄能价格形成机制的意见》（以下简称《完善意见》），该意见的出台，对于进一步提高系统调节资源的有效供给、促进构建新型电力系统来说，恰逢其时，意义重大。

《完善意见》在保持两部制电价机制定价原则总体稳定的基础上，合理引入市场价格机制，并进一步明确了容量价格回收渠道，将原有"政府核定电量电价及容量电价"的两部制电价机制改进为"以竞争性方式形成电量电价，并将容量电价纳入输配电价回收"的新型抽蓄价格机制。

作为深化电力体制改革、完善价格形成机制的又一重要举措，此次抽水蓄能价格形成机制改革，一方面通过市场竞争形成电量电价，强化了与当前电力市场改革进程的协调统一，解决了原有价格机制与市场建设不能有效衔接的突出矛盾；同时，兼顾了政策稳定性，以政府核定容量电价、容量电价纳入输配电价回收作为抽水蓄能电价机制的基本稳定器，为在以新能源为主体的新型电力系统中加快抽水蓄能产业发展、促进新能源消纳、推动能源绿色低碳转型提供了必要的价格政策保障。另一方面，此次价格形成机制改革中融入激励相容、标尺竞争等价格管制方法，体现了价格机制创新的新理念。

一、坚持政策稳定性和创新性并举，兼顾抽水蓄能产业发展与参与市场竞争之间的协调关系

为了保障电力供应与电网运行安全，作为现阶段较为成熟、经济的灵活调节技术，抽水蓄能将成为以新能源为主体的新型电力系统的重要组成部分。从促进抽水蓄能电站加快发展的政策角度出发，需要对抽水蓄能产业给予适度的政策倾斜，以助力其快速发展。另一方面，电力体制改革的纵向深化、电力市场建设的不断完善，也为抽水蓄能电站作为独立主体参与市场竞争提供了条件。

此次抽水蓄能价格形成机制改革，通过引入"以竞争性方式形成电量电价，将容量电价纳入输配电价回收"的新型价格机制，兼顾了促进抽水蓄能产业发展与有序参与市场竞争之间的平衡与协调关系。

● **坚持以两部制电价政策为主体，释放稳定的合理收益预期**

为保障政策稳定性，并实现对抽水蓄能产业快速发展的合理支撑，《完善意见》坚持以两部制电价政策为主体，提出抽水蓄能电站通过容量电价回收抽发运行成本外的其他成本并获得合理收益，并明确经营期内资本金内部收益率按 6.5% 取定，保证了抽水蓄能商业运营模式、预期收益的稳定性，进一步鼓励了抽水蓄能产业的投资。

为保证容量电费合理疏导，《完善意见》提出政府核定的抽水蓄能容量电价对应的容量电费由电网企业支付，并纳入省级电网输配电价回收，从机制设计层面为抽水蓄能容量电费的合理疏导提供了保障路径。

● **坚持市场化为导向，鼓励抽水蓄能参与市场竞争**

考虑到当前不同省区电力市场化改革进程存在的实际差异，在市场化导向框架下，《完善意见》提出差异化的电量电价形成机制：对于电力现货市场运行的地方，抽水蓄能电站抽水电价、上网电价按现货市场价格及规则结算，通过市场竞争实现了抽水蓄能调峰服务价值的完全性体现；对于尚未构建电力现货市场的地方，由于发电侧分时价格信号尚未建立，《完善意见》创新性地提出鼓励通过竞争性招标方式采购抽水电量，通过建立低谷抽水竞争性招标市场，形成带有低谷价格信号的发电侧分时价格，进而实现抽水蓄能调峰服务价值在一定程度上的货币化体现。

二、健全激励机制，体现激励相容的重要原则

《完善意见》有效构建了激励机制，一方面鼓励引导抽水蓄能电站作为独立市场主体参与电力

中长期交易、现货市场交易和辅助服务市场（补偿机制），一方面明确参与市场的相关收益"20%由抽水蓄能电站分享，80%在下一监管周期核定电站容量电价时相应扣减"。这一收益分享的机制安排，体现了机制设计中的激励相容原则，使得抽水蓄能电站在优化个体收益的同时，与顶层设计的导向相兼容，充分释放抽水蓄能电站在电力系统中的调节价值。同时，下一监管周期80%的扣减也合理兼顾了降低输配电成本的政策目标，实现了全社会各利益相关主体的共赢。

三、约束机制融入标尺竞争的基本理念

《完善意见》在抽水蓄能容量电价核定办法中首次融入了标尺竞争的新理念，明确以行业先进水平合理确定核价参数，提高了政府定价的规范化、透明度。

对于现金流核算中的运行维护费率，明确按在运电站从低到高排名前50%的平均水平核定，在以竞争性方式形成电量电价的同时，提高了容量电价中的竞争成分。同时，《完善意见》通过强化抽水蓄能电站的建设与运行管理、加强使用情况的监管和考核，做到激励和约束"双管齐下"，保障抽水蓄能规划的科学性和合理性，增强抽水蓄能项目的经济性，促进抽水蓄能电站健康可持续发展。

四、首次提出考虑功能定位和服务范围的容量电费分摊原则

容量电费的分摊疏导是理顺抽水蓄能价值传导链的重要环节。考虑到各抽水蓄能电站在功能定位和服务范围上的差异，按照"谁受益、谁承担"原则，《完善意见》进一步促进了抽水蓄能容量电费分摊结构的合理化。对于服务于区域电力系统的抽水蓄能电站，《完善意见》提出，容量电费在多个省级电网的分摊与区域电网容量电费的分摊相统一，注重了与输配电价政策的衔接，有利于抽水蓄能电站发挥容量备用效益。对于在项目核准文件或可研报告批复中明确服务于特定电源和电力系统的抽水蓄能电站，《完善意见》提出，容量电费按容量分摊比例在特定电源和电力系统之间进行分摊，做到了抽水蓄能项目的闭环管理，有利于探索抽水蓄能电站与特定电源一体化运营的新模式。

五、配套保障机制，为社会资本参与抽水蓄能电站建设保驾护航

为积极调动社会资本参与抽水蓄能电站建设，保障非电网投资抽水蓄能电站合理权益，《完善意见》提出"电网企业要与非电网投资主体投资建设的抽水蓄能电站签订规范的中长期购售电合同，坚持公平公开公正原则对抽水蓄能电站实施调度，严格执行我委核定的容量电价和根据本意

见形成的电量电价，按月及时结算电费"。

"规范的中长期购售电合同""按月及时结算电费"两项明确的约束性要求，为社会资本投资抽水蓄能电站提供了必须的机制遵循，稳定了其投资的可预期性，极大调动了社会资本参与抽水蓄能电站建设的积极性。

9.2 《关于 2021 年新能源上网电价政策有关事项的通知》解读

2021 年 6 月，国家发展改革委发布《关于 2021 年新能源上网电价政策有关事项的通知》（以下简称《通知》），该通知的出台，对于稳定新能源项目投资预期，推动新能源产业高质量快速发展，有效支撑碳达峰、碳中和"30·60"目标实现具有重要积极意义。

一、释放清晰价格信号，坚持推动产业高质量发展与稳定行业预期并举

2021 年是"十四五"开局之年，《通知》紧密结合风电、光伏发电行业发展趋势和成本水平，适时提出风电、光伏发电"平价上网"政策，进一步完善风电、光伏发电等新能源电价政策的同时，明确了 2021 年风电、光伏发电上网电价执行当地燃煤发电基准价，为持续推动风电、光伏发电高质量发展提供了有力支撑。

● 适时提出新能源发电"平价"上网，推动新能源产业高质量发展

近年来，考虑到新能源投资造价和发电成本快速下降，新增陆上风电、集中式光伏发电项目引入竞争性招标方式来确定上网电价，进而实现了补贴的逐步退坡。随着风电、光伏发电等新能源发电技术的进一步成熟、投资成本进一步下降，平价上网条件已逐渐成熟，在此背景下，《国家发展改革委关于完善风电上网电价政策的通知》（发改价格〔2019〕882 号）提出，"自 2021 年 1 月 1 日开始，新核准的陆上风电项目全面实现平价上网，国家不再补贴"。

紧密结合风电、光伏发电等新能源发展水平，充分发挥上网电价对新能源行业健康、高质量发展的引导作用。《通知》提出，自 2021 年起，对新备案集中式光伏电站、工商业分布式光伏项目和新核准陆上风电项目（以下简称"新建项目"），中央财政不再补贴，实行平价上网。延续风电上网电价政策的同时，进一步明确了"十四五"期间光伏发电步入"平价"上网阶段。

● 明确 2021 年新能源发电上网电价，稳定新能源行业发展预期

国家发改委已发布的《关于 2021 年新能源上网电价政策有关事项的通知（征求意见稿）》（以下简称《征求意见稿》）提出，2021 年新建项目保障收购小时数以内的发电量，上网电价按"指

导价＋竞争性配置"方式形成，保障收购小时数以内的发电量通过竞争性配置方式形成，不得超过当地指导价，保障收购小时数以外的发电量，直接参与市场交易形成上网电价。根据《征求意见稿》附件，除青海省外，其他各省（区、市）的风电和光伏发电指导价均低于当地燃煤基准电价。与《征求意见稿》相比，《通知》提出 2021 年新建项目上网电价在全生命周期合理利用小时数以内的按当地燃煤发电机组基准价执行。在扩大新建项目保障性并网利用小时数的同时，大幅提升了新建项目的上网电价水平，政策支持力度空前。

该政策的出台，在向"十四五"过渡的关键时点，有效保障了新能源发电的电价水平和行业预期收益，与能源局发布的《关于 2021 年风电、光伏发电开发建设有关事项的通知》（国能发新能〔2021〕25 号）相协同，分别在"价"与"量"上共同推进"十四五"期间新能源行业的持续快速发展，为推动我国加快构建以新能源为主体的新型电力系统，实现碳达峰、碳中和目标发挥了重要作用。

二、提供市场化交易灵活性选择，充分发挥新能源绿色电力价值

随着全球气候变化，世界各国对环境保护和碳减排的意识日益提升，国际贸易过程中低碳和生态保护的观念逐渐增强，欧盟于近期提出计划在 2021 年就征收"碳边境调节税"提出详细提案，我国参与国际贸易的相关出口企业对绿色电力的需求将呈现日益增大的趋势。

《通知》提出，新建项目可自愿通过参与市场化交易形成上网电价，以更好地体现光伏发电、风电的绿色电力价值。该政策给予具有绿电需求的国内企业特别是出口企业通过市场化交易向新能源企业直接购买绿色电力的途径选择，通过市场化供需匹配更好地体现光伏发电和风电的绿色电力价值。

三、坚持权责对等原则，海上风电、光热发电定价权下放省级价格主管部门

海上风电、光热发电都具有较强的地域性特征，其中海上风电较多分布于广东、福建、浙江等经济发达省份，而光热发电则主要分布在西部省份。《通知》提出，2021 年起，新核准（备案）海上风电项目、光热发电项目上网电价由当地省级价格主管部门制定，给予各省份结合自身电力电量需求、地方财政、可再生能源发展需求等情况对海上风电项目和光热发电项目进行自主定价的权利。

同时，《通知》明确具备条件的省份可通过竞争性配置方式形成上网电价，高于当地燃煤发电基准价的，基准价以内的部分由电网企业结算，基准价以外的部分需由各省份自主负担。该政策

与财政部、国家发改委、国家能源局印发的《关于促进非水可再生能源发电健康发展的若干意见》（财建〔2020〕4号）相呼应，再次明确海上风电和光热发电项目不再纳入中央财政补贴范围，鼓励地方按照实际情况出台针对性扶持政策，而对于按规定完成核准（备案）并于2021年12月31日前全部机组完成并网的存量海上风力发电和太阳能光热发电项目，遵循平稳改革的总体原则，明确可按相应价格政策纳入中央财政补贴范围。

9.3 《关于进一步完善分时电价机制的通知》解读

2021年7月，国家发展改革委发布了《关于进一步完善分时电价机制的通知》（以下简称为《通知》），在新型电力系统建设加速推进的背景下，对分时电价的时段划分、电价调整机制以及与市场的接轨机制等提出了指导性意见，为下一阶段各省区分时电价政策的调整提供了基本遵循。

一、分时电价政策调整的重要意义

2020年9月22日，习近平总书记在第七十五届联合国大会一般性辩论上宣布，中国将采取更加有力的政策和措施，二氧化碳排放力争于2030年前达到峰值，努力争取2060年前实现碳中和。12月12日，习近平总书记在气候雄心峰会上进一步宣布，到2030年，中国单位国内生产总值二氧化碳排放将比2005年下降65%以上，非化石能源占一次能源消费比重将达到25%左右，风电、太阳能发电总装机容量将达到12亿千瓦以上。

在"碳达峰、碳中和"目标的要求下，"十四五"时期构建以新能源为主体的新型电力系统已成为必然选择。在风电、光伏等新能源为能源系统带来绿色、清洁电力的同时，需要注意的是，随着新能源占比的阶跃式提升，其间歇性、反调峰性对系统运行带来的压力也与日俱增。在这一背景下，如何更好地利用经济激励政策调动需求侧资源、挖掘需求侧响应潜能，对于促进可再生能源消纳、缓解系统运行压力具有十分重要的现实意义。

本次分时电价政策调整旨在服务以新能源为主体的新型电力系统建设，促进能源绿色低碳发展。《通知》的出台，对于进一步挖潜需求侧调节资源的有效供给、促进构建新型电力系统来，恰逢其时，意义重大。

二、分时电价政策调整的亮点

● **时段划分适度考虑可再生能源发展的影响，引导用户用电行为主动适应新能源发展需要**

时段划分是分时电价方案制定的基础及重要部分。现阶段我国分时电价定价中时段划分方法通常基于不同时段供电成本变化的差异，从负荷曲线入手，利用聚类方法对各时段进行分类。在以火电等传统电源为主力装机的电力系统中，由于负荷高峰、低谷时段通常对应于系统发电成本的高值及低值时段，采用基于用户负荷曲线的方法开展时段划分是相对合理的。

但随着能源结构转型进程的不断加速，特别是风电、光伏等不确定性电源装机比例的快速提升，发电侧供电成本的变化曲线与用户负荷曲线出现了较大程度的偏离。若仍沿用原有基于负荷曲线的时段划分方法，由于新能源固有的反调峰特性，存在新能源大发时段与用户负荷曲线低谷时段难以匹配甚至倒置的情况，进而对新能源消纳产生负面影响。因此，需要根据电源结构的调整对传统的基本负荷曲线分类的方式做相应调整。

为了适应新能源发展与消纳的实际需要，《通知》提出，各地要根据系统供需和边际供电成本情况确定峰谷时段，而不再单独以负荷高低作为峰谷时段划分的依据，并提出在可再生能源发电装机比重较高的地方，要充分考虑净负荷（总负荷扣除可再生能源出力）曲线的变化特性。这一时段划分方法原则的调整，为后续各省区结合自身新能源发展实际情况，制订有利于新能源消纳的分时电价政策提供了政策依据。

● **合理设定峰谷价差，激励需求侧灵活调节资源建设，对促进新能源消纳形成有效补位**

大规模新能源发电具有间歇性、随机性和波动性特点，给电力系统平衡调节和灵活运行带来了重大挑战。储能具有毫秒级快速、稳定、精准的充放电功率调节特性，可以提升电力系统的瞬时、短时和时段平衡能力，从而提高电力系统安全稳定水平、清洁能源消纳能力和能源电力系统效率。因此，储能将在构建以新能源为主体的新型电力系统中发挥重要作用，对于推动能源结构转型、保障能源安全、实现节能减排目标具有非常重要的意义。

利用价差空间，实现"低电价时充电、高电价时放电"，是储能盈利的基本模式。目前，国内多个省区销售电价的峰谷价差对储能等需求侧响应资源的激励仍有待加强。为此，《通知》提出要"合理确定峰谷电价价差，原则上不低于3:1，全年最大系统峰谷差率超过40%的地方，峰谷电价价差原则上不低于4:1"。峰谷价差的拉大将对储能产业的发展和新型电力系统建设起到明显的推动作用。

除此之外，《通知》提出各地要因地制宜建立尖峰电价和深谷电价，这有助于进一步发挥价格杠杆在用电高峰时期调节电力供需的作用，更好地削峰填谷，让电于民，保障民生用电，实现资源的优化配置和社会效益、经济效益的统筹协调。

● **注重与市场机制相衔接，充分发挥分时电价信号作用**

目前，我国普遍针对工商业用户实行分时电价政策，部分省份对居民也执行了分时电价。分时电价是需求侧管理的一种重要经济手段，但电力需求的快速变化导致分时电价对用户的激励效果缺乏时效性。随着电力市场的不断发展成熟，我国基本建立了中长期电力市场，并试点建立了现货市场，初步建立了市场化的电价形成机制。为有效衔接市场电价，充分发挥分时电价的信号作用，《通知》提出建立市场化的分时电价动态调整机制。

《通知》明确，分时电价机制需要建立与中长期市场和现货市场相衔接的动态调整机制。在现货市场已启动运行的地方，需要参考电力现货市场的分时电价信号来适时调整目录分时电价时段划分与浮动比例；在现货市场尚未运行的地方，需要指导市场主体在签订中长期交易合同时申报用电曲线，以反映各时段价格。分时电价调整机制的建立与完善，有利于更准确地反映真实的供需情况，进一步促进资源的优化配置。

9.4 《关于进一步深化燃煤发电上网电价市场化改革的通知》解读

2021 年 10 月 12 日，国家发展改革委印发《关于进一步深化燃煤发电上网电价市场化改革的通知》（以下简称《通知》），提出有序放开全部燃煤发电电量上网电价，煤电发电电量原则上全部进入电力市场，并通过市场交易在"基准价＋上下浮动"范围内形成上网电价。这一改革举措有利于进一步放开竞争性环节电力价格、提高电力市场交易化程度，充分发挥市场在资源配置方面的关键作用，标志着电价改革在坚持市场化方向上迈出突破性一步。《通知》为发电侧的市场化进程指明了方向，为有效打造源网荷经济互动与协调发展关系、构建新型电力系统创造了有利条件。与此同时，在当前能源价格大幅上涨，电力、煤炭供需持续偏紧的现实背景下，《通知》提出的扩大市场交易电价上下浮动范围等举措，对于纾解煤电企业经营困境、保障电力稳定供应更具重要的现实意义。

一、助力电力市场化改革纵向深化

现阶段，我国燃煤发电项目上网电量主要包括两大部分：计划电量（或基数电量）部分、市场化交易电量部分。随着 2019 年《关于深化燃煤发电上网电价形成机制改革的指导意见》的出台，"基准价＋上下浮动"市场化机制的实施，有力地推动了煤电市场化进程。根据统计数据，2020

年已有超过 70% 的燃煤发电电量采用市场化方式形成电价。党中央、国务院相关文件明确提出，要有序放开输配以外的竞争性环节电力价格。在这一背景下，进一步加快原有煤电机组计划电量（或基数电量）进入市场已成为必然选择。

此次《通知》中的改革举措，彻底打通了尚未进入市场的煤电计划电量（或基数电量）进入市场的最后一公里，为全面放开发电侧上网电价奠定了坚实基础。改革后，燃煤机组全部电量上网电价将由发电企业、售电企业、电力用户等市场主体通过市场化方式形成。换而言之，本项改革实施后燃煤发电项目市场化电量比例预计最高可达到 100%，市场化进程明显加速，更重要的是，与 2019 年的《关于进一步深化燃煤发电上网电价形成机制改革的的指导意见》相比，本次改革在进一步扩大价格上浮与下浮幅度的同时，进一步强调了按市场规律办事是构建健康的电力市场体系的根本遵循，建立真正"能跌能涨"的市场化电价机制，是深化电力市场化改革迈出的坚实一步，为有效推动电力行业高质量发展、保障电力安全稳定供应、有效推动新型电力系统建设，实现能源绿色低碳转型具有现实与长远意义。与之相对应的，《通知》同步提出 10 千伏及以上用户要全部进入市场，推动其他用户也尽快进入市场，同步取消相应目录销售电价，实现了发电侧与用户侧市场化推进力度的协调同步，有效破解了长期以来价格双轨制带来的市场规模不足、竞争不充分、发输售购电各环节利益不均衡方面的矛盾，电力的商品属性更加突出，要素市场价格向电力市场价格传导效率显著提升，电力价格信号对于资源调节与优化配置的作用显著增强，一个较为突出的特征是本次改革中要求燃煤发电企业与高耗能企业开展电力市场交易可不受交易电价上浮比例限制，且制约了地方组织针对高耗能企业的专场交易行为，这些举措体现了分类调节、精准施策的政策逻辑与脉络，对于高耗能行业，需要更充分地发挥电价信号的引导作用，坚决遏制"两高"项目盲目发展，抑制其不合理的电力消费，倒逼企业持续加大节能减排力度，提高能源利用效率，推动产业结构转型，实现绿色发展。

二、有效纾解煤电企业经营困境

近期受煤炭价格快速上涨因素影响，多地煤电企业面临着不同程度的亏损问题。为增强一次能源价格与发电价格的联动关系，纾解煤电企业当前面临的经营困境，此次《通知》明确将燃煤发电市场交易价格浮动范围由现行的上浮不超过 10%、下浮原则上不超过 15%，扩大为上下浮动原则上均不超过 20%，这一举措为缓解燃煤发电企业经营困难、保障迎峰度冬电力安全稳定供应提供了重要保障，具有重大现实意义。

三、保障政策平稳过渡，体现保民生，促稳定的原则

对于与基本民生相关的居民用户、农业用户，为了避免市场化用户对这类用户的价格冲击，《通知》明确居民、农业用户用电对应的电量仍由电网企业保障供应，执行现行目录销售电价政策，保障了居民、农业等用电价格的基本稳定。

《通知》中对于暂未直接从电力市场购电的用户，明确由电网公司承担代理购电的责任，保证了电力用户安全稳定用电，保证了政策实施的平稳过渡。

9.5 《跨省跨区专项工程输电价格定价办法》解读

2021年，国家发展改革委坚持以习近平新时代中国特色社会主义思想为指导，全面贯彻党的十九大和十九届二中、三中、四中、五中全会精神，认真落实中共中央、国务院《关于进一步深化电力体制改革的若干意见》《关于推进价格机制改革的若干意见》要求，加快深化电价改革，于10月14日印发了《跨省跨区专项工程输电价格定价办法》（以下简称《办法》）。

深入推进电力体制改革，进一步完善输配电价体系，建立更为科学、合理、完备的跨省跨区专项工程输电价格定价机制具有重要意义，其有利于建立健全跨省跨区电力市场化交易机制，发挥市场资源优化配置的决定性作用，促进电力资源大范围优化配置，为构建以新能源为主体的新型电力系统，实现"碳达峰、碳中和"目标提供重要支撑。

此次《办法》的出台，是在原有《跨省跨区专项工程输电价格定价办法（试行）》基础上，以完善激励约束机制、规范定价程序为导向修订形成。本次修订有以下四点重要的变化。

一、健全了事前核定、定期校核的闭环定价程序

《办法》提出跨省跨区专项工程输电价格实行事前核定、定期校核的定价程序。其中，工程投运前，由价格主管部门核定临时输电价格；工程竣工决算并开展成本监审后，价格主管部门核定正式的输电价格，并进一步明确了各阶段价格核定的参数依据，避免了原有定价办法可能存在的专项工程投运初期定价参数的模糊地带。

首次提出在临时价格核定阶段，施工图预算投资确认比核准投资减少的，按施工图预算投资确定。由于施工图阶段更接近于工程决算阶段，两者间投资差异相对较小，避免了原办法中以核准投资核定临时价格可能带来的临时价格与正式输电价格间较大的价格调整问题，保持了电价水平的相对平稳。

二、激励与约束并重，有效提高了电网企业行为目标与政府定价目标的一致性

此次办法修订充分体现了激励与约束并重的核心理念，通过利益分享机制的设计，提高了电网企业降本增效的主观能动性，进一步实现了电网企业行为目标与政府定价目标的协调统一。

如在利息计算中，提出"如电网企业实际借款利率低于市场报价利率，按照实际借款利率加二者差额的 50% 核定"。换而言之，对于实际借款利率的降低部分，电网企业可合理预留 50%，剩余部分则向社会分享。

在线损收益、实际利用小时数超过核价利用小时数产生的超额收益处理机制中，也有相近的机制设计理念体现，"实际线损率低于核价线损率产生的收益，由电网企业和电力用户按 1：1 分享；实际利用小时超出核价利用小时产生的收益，30% 由电网企业分享，70% 由国家发改委专项用于支持新能源跨省跨区外送"。

三、清晰界定专项工程范围、电价形式，首次提出输电权交易探索

此次办法修订对专项工程进行了更清晰的定义，范围是以送电功能为主的跨区域电网工程，以及送受端相对明确、潮流方向相对固定的区域内跨省输电工程。电价形式为单一制电量电价，与送电属性相匹配。

此次办法明确，输电价格 = 年均收入 / [设计输电量 ×（1 - 定价线损率）]。以设计输电量计算输电价格，对送电属性的专项工程具有较强的激励约束作用。一方面，增加价格的可预知性，送电量达不到设计输电量，专项工程将难以盈利，引导专项工程建设科学决策、理性投资。另一方面，建立超设计输电量送电收益的共享机制，提升电网企业提高通道利用效率的积极性。

此次办法减少了单一制容量电价形式，但首次提出输电权交易可在专项工程中进行探索，这种更为灵活的电价形式，将促进专项输电工程进一步适应电力市场的发展需求，同时进一步提升专项工程利用率，促进电力资源优化配置。

四、建立定期校核机制，明确电价调整条件，保持经营期电价的相对连贯

此次办法修订体现了重监管、轻调整的思路，将专项工程监管周期从三年延长至五年，每五年对专项工程的实际功能效果、输电价格执行情况、主要运营参数、分享机制执行情况等进行评估。明确只有专项工程功能发生根本性变化、实际利用小时超出设计利用小时 40% 以上、实际成本或收入与核价时存在严重偏差情况出现，才对输电价格进行调整，保持了专项工程经营期内价格的平稳性和连贯性。

第 10 章　电力投资与 GDP 发展

10.1　电力投资发展

　　随着国民经济的不断发展，电力行业对国民经济的支持和贡献不断加大，电力投资对国民经济增长的作用逐渐增强。近年来我国电力投资额整体上升，作为基础性、支撑性的产业部门，作为经济发展的主要动力之一，电力投资对国民经济增长的带动效应值得深思与度量。

　　自"十一五"以来，我国电力投资额总体稳步增长，全国主要电力企业完成投资从"十一五"时期年均 6476 亿元增长到"十二五"时期的 7823 亿元，"十三五"期间年均完成投资 8851 亿元左右。

图 10-1　2006~2020 年我国电力投资总额

数据来源：《全国电力工业统计快报》

自 2006 年以来，我国电力投资经历了三次明显增长，分别为 2006 年至 2009 年、2014 年至 2016 年以及 2018 年至 2020 年。自 2015 年起，电力投资突破 8000 亿元。2019 年开始，电力投资突破 9000 亿元，2020 年超 10000 亿元。

图 10-2 不同电力工程类型完成投资情况

数据来源：《全国电力工业统计快报》

与此同时，十年间电力投资结构也正在发生着变化。十年来，电源工程投资由平稳发展到逐年下降，至 2018 年开始触底反弹，2018~2020 年间的快速增长主要得益于风电、光伏等可再生能源的大力发展。2019 年风电投资增速达到 138%，2020 年达到 71%，持续维持高增长水平。与此相对，火电投资逐渐下降，"十三五"期间一直保持负增长，2020 年投资降幅为 27%。水电投资"十二五"期间逐步下降，"十三五"期间逐年提升，2020 年成为第二大电源投资主体。核电投资十年间基本呈现下降趋势。

电网工程在"十三五"期间持续保持增长趋势，年均增速 9.5%，2016~2018 年达到最高投资水平。2019、2020 年电网工程投资呈下降趋势，年均降幅 6.5%。

10.2 电力投资与 GDP 变化关系

10.2.1 总量关系

2006~2020 年电力投资与国内生产总值 ① 的总量变化趋势如图 10-3 所示。

图 10-3 2006~2020 年电力投资与 GDP 总量变化趋势

由图 10-3 可以看出，2006~2020 年 GDP 呈现线性、平稳上升趋势，从 2006 年的 21.94 万亿元稳步增长到 2020 年的 101.60 万亿元。虽然电力投资的发展变化略有波动，但总体趋势与 GDP 发展基本一致。电力投资与 GDP 相关系数达到 0.89，由此说明，电力投资与国民经济发展存在较强的相关关系。

10.2.2 增量关系

电力投资与国民经济发展的增量变化情况如图 10-4 所示。

---

① 国内生产总值（GDP）数据来为源国家统计局。国家统计局实施研发支出核算方法改革，对 2016 年及以前年度的 GDP 历史数据进行了系统修订，本章采用修订后的数据。

图 10-4 2007~2020 年电力投资与 GDP 增量变化趋势

由图 10-4 可得,"十一五"至"十三五"期间,我国 GDP 持续保持正增长,但增速逐渐由"十一五"期间 20% 左右的高速增长回归稳定到"十三五"期间 10% 左右的增速。2019~2020 年新冠肺炎疫情爆发,我国多个行业受到停工停产的影响,2020 年 GDP 增速下降至 2.5%。针对电力投资,2007~2009 年电力投资以年均 13.53% 的速度增长,2009 年电力投资增速达到峰值,而后 2010 年电力投资同比下降 3.70%。2013~2016 年电力投资增速在波动中曲折回暖,2015 年达到增速次高峰,而后 2017 年投资下降,降幅为 6.8%。2019 年电力投资增速回归正值,受复工复产及新基建政策刺激,2020 年电力投资仍维持在 10% 左右的增长水平,拉动 GDP 增长。

通过对电力投资和 GDP 增速的趋势提取(图 10-5)可以看出,电力投资与 GDP 增速都呈现迂回波动态势,电力投资较 GDP 存在一定的超前性,超前期约 2~4 年。

图 10-5 2006~2020 年电力投资与 GDP 增速趋势提取

第11章　电力工业发展对国民经济的影响

电力工业在我国国民经济中占有十分重要的地位，是国民经济重要的基础工业，也是国民经济发展战略中的重点和先行产业。电力工业发展的产业关联度较高，与国民经济众多部门之间相互依存、相互影响。通过对关联产业的直接、间接作用，共同拉动国民经济的增长。本章基于投入产出表[①]进行电力工业对各行各业的影响分析，从直接消耗系数、完全消耗系数、影响力系数、感应度系数定量分析电力工业对国民经济的影响作用。

11.1　直接影响

直接消耗系数反映电力行业每生产一单位的总产出需直接消耗其他部门的中间产品，是电力行业对上游产业直接关联关系的一种体现。基于2018年投入产出表分析得出，除电力、热力的生产和供应业外，与电力直接相关的重要生产部门依次为煤炭采选产品业、电气机械和器材业、金融业、仪器仪表业以及批发和零售业。每一单位电力投入直接消耗的产品约为0.6837个单位。

表11-1　电力工业对其他行业的直接影响

代码	部门	直接消耗系数	排名
1	农林牧渔产品和服务	0.0001	37
2	煤炭采选产品	0.1371	2
3	石油和天然气开采产品	0.0134	9
4	金属矿采选产品	0.0000	41
5	非金属矿和其他矿采选产品	0.0004	30

———————

① 数据来源于国家统计局最新公布的投入产出表（2018年）。

续表

代码	部门	直接消耗系数	排名
6	食品和烟草	0.0068	10
7	纺织品	0.0000	40
8	纺织服装鞋帽皮革羽绒及其制品	0.0011	25
9	木材加工品和家具	0.0003	34
10	造纸印刷和文教体育用品	0.0006	27
11	石油、炼焦产品和核燃料加工品	0.0173	8
12	化学产品	0.0004	31
13	非金属矿物制品	0.0026	21
14	金属冶炼和压延加工品	0.0005	29
15	金属制品	0.0004	32
16	通用设备	0.0037	16
17	专用设备	0.0002	35
18	交通运输设备	0.0001	38
19	电气机械和器材	0.0602	3
20	通信设备、计算机和其他电子设备	0.0018	22
21	仪器仪表	0.0236	5
22	其他制造产品和废品废料	0.0009	26
23	金属制品、机械和设备修理服务	0.0038	15
24	电力、热力的生产和供应	0.2887	1
25	燃气生产和供应	0.0029	19
26	水的生产和供应	0.0015	23
27	建筑	0.0038	14
28	批发和零售	0.0213	6
29	交通运输、仓储和邮政	0.0177	7
30	住宿和餐饮	0.0031	18
31	信息传输、软件和信息技术服务	0.0057	12
32	金融	0.0440	4
33	房地产	0.0002	36
34	租赁和商务服务	0.0059	11
35	研究和试验发展	0.0000	41
36	综合技术服务	0.0053	13
37	水利、环境和公共设施管理	0.0029	20
38	居民服务、修理和其他服务	0.0034	17
39	教育	0.0000	39
40	卫生和社会工作	0.0005	28
41	文化、体育和娱乐	0.0012	24
42	公共管理、社会保障和社会组织	0.0003	33

11.2 间接影响

完全消耗系数反映电力行业每生产一单位的总产出需要直接以及间接消耗其他部门的中间产品，是电力行业对上游产业直接和间接的关联关系。基于 2018 年投入产出表分析得出，除电力、热力的生产和供应业外，与电力工业完全关联关系较大的主要生产部门依次为煤炭采选产品业、电气机械和器材制造业、金融业、金属冶炼和压延加工品业、批发和零售业以及交通运输等。电力、热力的生产和供应业的完全消耗系数为 1.8178。

表 11-2　电力与其他行业的完全关联关系

代码	部门	完全消耗系数	排名
1	农林牧渔产品和服务	0.023606	18
2	煤炭采选产品	0.243161	2
3	石油和天然气开采产品	0.048574	11
4	金属矿采选产品	0.014031	25
5	非金属矿和其他矿采选产品	0.009502	28
6	食品和烟草	0.031123	14
7	纺织品	0.007981	32
8	纺织服装鞋帽皮革羽绒及其制品	0.008734	30
9	木材加工品和家具	0.008610	31
10	造纸印刷和文教体育用品	0.017054	23
11	石油、炼焦产品和核燃料加工品	0.047388	12
12	化学产品	0.062795	8
13	非金属矿物制品	0.017442	21
14	金属冶炼和压延加工品	0.076602	5
15	金属制品	0.025069	15
16	通用设备	0.024567	16
17	专用设备	0.012415	26
18	交通运输设备	0.015777	24
19	电气机械和器材	0.119520	3
20	通信设备、计算机和其他电子设备	0.055575	10
21	仪器仪表	0.044189	13
22	其他制造产品和废品废料	0.009033	29
23	金属制品、机械和设备修理服务	0.006140	35

续表

代码	部门	完全消耗系数	排名
24	电力、热力的生产和供应	0.446574	1
25	燃气生产和供应	0.006503	34
26	水的生产和供应	0.002960	38
27	建筑	0.007225	33
28	批发和零售	0.073609	6
29	交通运输、仓储和邮政	0.072046	7
30	住宿和餐饮	0.018975	20
31	信息传输、软件和信息技术服务	0.024533	17
32	金融	0.115231	4
33	房地产	0.022715	19
34	租赁和商务服务	0.056132	9
35	研究和试验发展	0.000000	42
36	综合技术服务	0.017069	22
37	水利、环境和公共设施管理	0.005797	36
38	居民服务、修理和其他服务	0.011534	27
39	教育	0.000911	41
40	卫生和社会工作	0.001163	39
41	文化、体育和娱乐	0.004928	37
42	公共管理、社会保障和社会组织	0.001008	40

11.3 影响力

影响力系数反映电力工业产品每增加一个单位时，对其他行业产出的需求度影响，体现了每生产一单位电力工业产品对其他行业的拉动作用。各行业影响力系数排序如图 11-1 所示。

图 11-1　各行业影响力系数排序

由于影响力系数考虑了与全行业的平均影响值的对比，所以当影响力系数大于 1 时，表示该行业对社会生产的影响程度高于社会平均水平。从图 11-1 可以看出，电力、热力生产及供应行业的影响力系数为 1.05，在能源行业中影响力水平位于前列，表面电力工业对各行各业的拉动带动作用明显。

11.4 感应度

感应度系数是当各行各业的最终需求都增加一个单位时，电力行业需要增加的产出量，反映了电力行业对其他行业的支撑作用。各行业感应度系数排序如图 11-2 所示。

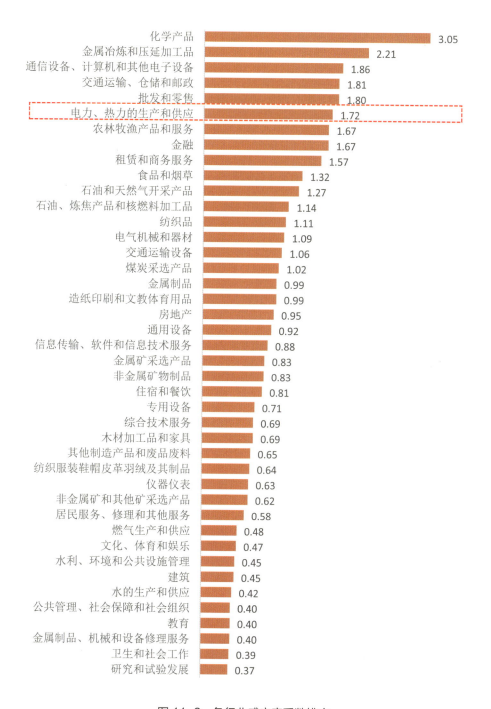

图 11-2 各行业感应度系数排序

感应度系数同样考虑了与全行业的平均影响值的对比,当感应度系数大于 1 时,表示该行业对社会生产的感应程度高于社会平均水平。从图 11-2 可以看出,电力、热力生产及供应行业的感应度系数为 1.72,位于全行业前列,深刻说明电力工业对国民经济的发展具有显著的支撑作用,是各行各业经济增长的基础性支柱。

第12章　增量配电网开展综合能源服务效益回收机制

12.1　增量配电网开展综合能源服务的必要性及可行性

为贯彻落实党中央、国务院电力体制改革工作部署，根据《有序放开配电网业务管理办法》有关规定，自 2016 年 11 月以来，国家发展改革委、国家能源局分五批次批复总计 483 个增量配电网试点项目（其中 24 个试点项目被取消），鼓励和引导社会资本投资增量配电业务。目前，五批次试点已实现全国内陆范围全覆盖（除西藏）。

由于前期负荷预测脱离实际、未与地方电网规划有效衔接、受电主体项目没有落地等原因，加之部分项目电压等级较高，与主电网级差较小，配电价格较低，投资者效益无法保障，部分项目不再具备试点条件。增量配电网独立于大电网之外，相比于大电网，增量配电网体量小，电力用户数量少，稳定性、安全性、管理规范性较弱，不具备大电网天然的"平衡"优势，更需要在内部形成一种"共生互济、平衡互补"的生态格局。

为适应当前配电定价政策要求，对于经营状况不佳、成本疏导不畅的增量配电网，发展出路有两条：一是降低成本，二是增加收益。综合能源服务能有效提高能源综合利用效率，实现能源梯级利用，减少不必要的投资；为用户提供用能服务和能效管理，降低用能成本，提高用户能源获得感；提升增量配电网吸引力和用户忠诚度，有助于提高负荷水平，增加收益；实现异质能流间的耦合转化和互补利用，提高系统安全稳定性。因此，综合能源服务是增量配电业务试点项目转轨转型的重要抓手。

综合能源服务是一种新型的、为终端客户提供多元化能源生产与消费的能源服务方式，涵盖能源规划设计、工程投资建设、多能源运营服务以及投融资服务等多个方面，具有高效、融合、开放的特点。增量配电业务试点项目多集中于产业、工业园区等，园区电力需求大，用能多元化，具备形成综合用能增值服务的条件。《有序放开配电网业务管理办法》提出，配电网运营主体应创新运营和服务方式，可为用户提供综合能源服务，利用现代信息技术，向用户提供智能用电、科学用电的服务。《进一步推进增量配电业务改革的通知》（发改经体〔2019〕27 号）也明确，具备条件的增量配电业务试点项目应与分布式电源、微电网、综合能源等方面的发展相协调，都为增量配电网开展综合能源服务创造条件。

因此，增量配电网发展综合能源系统具备可行性和必要性，通过向用户提供综合能源服务的方式降低配电网运营成本，提高服务质量和服务收益，改善增量配电网经营状况，为增量配电企业摆脱经营困境提供有效解决方案，满足了广大增量配电企业的诉求。

12.2 增量配电网综合能源系统方案

增量配电网园区多以工业用户为主，负荷密度大，产业聚集，用能种类多，为园区开展综合能源服务创造了良好条件。实施综合能源服务，可帮助园区用户节能减排、节约投资、减少运行成本，配电网运营者又可以获得综合能源服务收入，兼具经济效益和环保效益。综合能源系统是综合能源服务的具体表达，在物理构架和设备层面对电、热、冷、气等能源从生产到消费全环节有机协调和优化，保证增量配电网园区内用能效率最高、成本最低、经济最优。

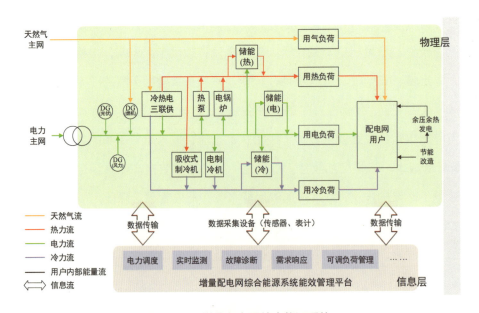

图 12-1 增量配电网综合能源系统

综合能源系统包含物理层和信息层，其中物理层关键技术主要有分布式发电技术、冷热电三联供技术、储能（电、热、冷）技术、节能改造技术、余热余压利用技术等。本研究设计增量配电网综合能源系统方案如图 12-1 所示。

（1）物理层

1. 分布式发电技术：在增量配电网范围内由用户建设安装，运行方式以自发自用、余电上网为主，且在以配电网系统平衡调节为特征的发电设施或有电力输出的能量综合梯级利用多联供设施，如分布式风电、分布式光伏发电、分布式燃气轮机发电等。分布式发电灵活可调、就近消纳，可以为用户节约输电费用，减少配电网外电接入成本，具有明显的经济效益。

2. 冷热电三联供技术：燃气轮机、微燃机或内燃机发电机等燃气发电机组做功发电后，对其产生的余热、余气二次利用，同时满足用户冷、热、电等多种用能需求。冷热电三联供能够充分利用天然气燃烧热能，减少上级电网外购电量，提高系统经济效益。对于用户集中制冷需求较小的配电网，可以仅配置热电联产设备。

3. 储能（电、热、冷）技术：在用电负荷低谷时段将电、热、冷等能源存储起来，在用电负荷高峰时段释放，起到削峰填谷的作用，能够有效提高配电网负荷率，利用峰谷电价解决企业用电成本，如电储能设备（含电动汽车）、蓄热式电锅炉、蓄冷式空调等。

4. 节能改造技术：通过对增量配电网园区建筑物用能设备进行改造，提高用能效率，减少原料及产品消耗，降低运营成本，如照明节能改造、空调节能改造、锅炉节能改造、配电网节能改造等。

5. 余热余压利用技术：对生产过程中释放的多余的副产热能、压差回收利用，获取低成本电能、热能，实现能源梯级利用，降低运营成本，如余热发电、余压发电、热交换技术等。

（2）信息层

综合能源系统运行状态可通过能效管理平台实时监测、调控。能效管理平台集成了数据采集、电力调度、实时监测、故障诊断、需求响应、可调负荷管理等技术，涵盖增量配电网综合能源系统涉及的源、网、荷、储各环节产/用能信息，可在整个配电区域范围内优化配置用能资源。在增量配电网投资规划阶段，应根据每个配电网规划用能种类和需求、用户意愿、接网条件、经济效益等因素，"因地制宜"定制设计综合能源系统"源网荷储"最佳组合方案。

12.3 商业模式及效益回收机制

12.3.1 商业模式

增量配电网一般采用"配售一体化"的商业模式，增量配电业务试点项目运营主体委托物业公司，签订物业托管合同并支付物业费；电力、天然气等能源供应商与增量配电网用户直接物理连接，物业公司代理收取、支付能源费。在"配售一体化"商业模式下，增量配电网以"配电"和"售电"为主，主体关系简单，管理功能单一（图12-2（a））。开展综合能源服务后，增量配电业务试点项目需要对电、热、冷、气等能源从生产到消费全环节有机协调和优化，有集中大规

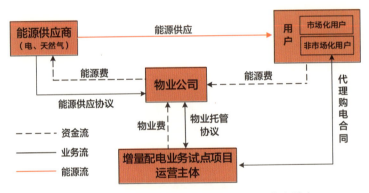

（a）开展综合能源服务前"配售一体化"商业模式

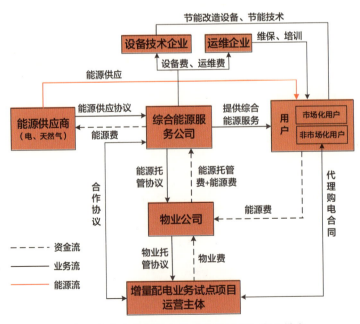

（b）开展综合能源服务后"能源托管"商业模式

图 12-2　增量配电网综合能源系统能源托管商业模式

模用能（电、热、冷）需求、电动汽车充放电需求、能效提升和节能减排需求，技术要求较高，对于投资、运营主体不具备专业综合能源服务能力的试点项目，能源托管模式是最常用的综合能源服务商业模式（图12-2（b））。

在能源托管模式下，增量配电网运营主体与综合能源服务公司签订能源托管合同，约定能源托管费用。综合能源服务公司对试点项目能源购入及利用、用能方案设计、节能改造、人员培训及考核、能源系统运维、环保达标控制管理等提供资金并进行全过程承包管理，增量配电网运营主体及用户积极配合。合同期间，增量配电网运营主体按合同约定向综合能源服务公司支付能源托管费用，能源托管费用节约收益归增量配电网运营主体；合同到期后，项目所有权及收益归增量配电网业主所有；参与市场化交易的用户，与发电企业签订市场交易合同，未参与市场化交易的用户，由增量配电网企业代理购电，并签订代理购电合同。

12.3.2 收益模式

增量配电业务试点项目开展综合能源服务前，按照"配售一体化"商业模式，收入主要为配售电业务收益（分别独立核算）。开展综合能源服务后，按照"能源托管"商业模式，收益途径增加综合能源服务收益、保底供电收益以及其他增值服务收益等（图12-3）。

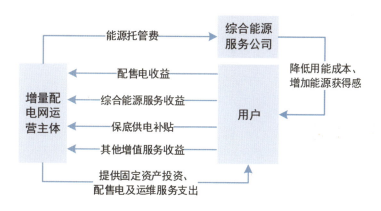

图12-3 增量配电网收益模式

（1）配电业务收益

按照《关于制定地方电网和增量配电网配电价格的指导意见》（发改价格规〔2017〕2269号）有关规定，配电价格应由省级价格主管部门核定，且不得高于其直接接入相同电压等级对应的现行省级电网输配电价与上一级电网输配电价之差。

（2）售电业务收益

采取多种方式通过电力市场购售电，通过电力交易平台开展双边协商交易或集中交易，并获得相应的售电收益。

（3）综合能源服务收益

委托综合能源服务公司进行节能改造、能效管理，开展能效诊断、用能检测、需求响应等服务，有效降低用户能源消耗量，降低用户用能成本，获得能源费节约收益。

开展需求侧管理服务，通过峰谷分时电价、可中断负荷电价等电价手段，合理削峰填谷，节约配电网调峰、备用等电力设施投资，获得成本节约收益。

增加分布式发电渗透率，减少上级电网购电量和输配电费支出，并适时参与分布式发电市场化交易，通过市场化方式降低交易价格，有效减少购电成本，获得购电成本节约收益。

（4）保底供电补贴

根据《有序放开配电网业务管理办法》有关规定，向非市场化用户提供保底供电服务的增量配电网运营者，可以获取政府规定的保底供电补贴。

（5）其他增值服务收益

通过向用户提供电力集中运维服务、用户电力工程服务、电力数据服务等方式获得其他增值服务收益。

12.4 结论与展望

配电业务改革是我国电力体制改革的主要环节，增量配电网作为配电业务改革的新兴产物，机遇与挑战并存。在开展增量配电业务试点初期，由于建设条件不成熟、负荷强度不足、配电定价机制不明确、商业模式不成熟、收益方式单一等问题，部分社会资本投资积极性消退。为了推进试点项目落地实施，国家在开展第五批增量配电业务改革试点时，明确要求各方加强沟通协作，总结优秀经验做法，强化风险自担，加强信息报送，依托电规总院"增量配电业务改革监测评估平台"定期报送试点进展情况报告，稳步推进试点项目落地生效。部分增量配电网运营主体也积极探索新发展路径，应用先进的运营和管理理念，通过开展综合能源服务、增值服务等方式，创新发展路径并取得良好收益。

经历四年的探索实践，各界对试点项目的态度逐渐由"激进盲目"向"稳健理性"转变。接下来，各主体应积极协助、形成合力，一是对工业负荷大、新能源条件较好的地区，研究分布式电源开发建设和就近接入增量配电网的消纳方案，开展增量配电区域内分布式电源开发利用、网内消纳，建设源网荷储一体化绿色增量配电区域；二是鼓励社会资本等各类投资主体投资增量配电网，借鉴成熟运营和管理经验，拓宽经营渠道，创新收益模式，寻求新的发展机遇，持续推动增量配电业务稳步有序进行；三是强化政策协同，进一步明确增量配电网的电网市场主体地位，深化电网企业代理购电价格、分时电价等机制，推动增量配电区域内10千伏及以上工商业用户全部参与市场化交易，暂未参与市场化交易的用户由增量配电企业代理购电，并严格执行分时电价及浮动比例。

第13章 国内外电力辅助服务市场发展现状与展望

在电力体制改革不断深化的同时，实现碳达峰、碳中和目标和构建以新能源为主体的新型电力系统将对电力辅助服务管理和交易机制建设提出新的挑战。随着风电、光伏等间隙性新能源渗透率不断提高，电力辅助服务在保障电力系统安全、稳定、经济运行中的作用愈发重要，系统对灵活性资源和辅助服务的需求也呈增长趋势。因此，迫切需要优化和完善我国电力辅助服务的补偿和市场机制，激励包括传统电源和新型资源在内的市场主体供给充足优质的辅助服务和灵活性服务，降低系统的调节成本。

13.1 国外典型辅助服务市场实践

本节对美国、英国、澳大利亚和北欧等典型电力市场中的辅助服务市场机制进行梳理对比，总结了国外典型辅助服务市场的实践成果。

表 13-1 从电源结构、电力市场总体模式、电力最终平衡方式以及辅助服务的产品类别、获取方式、与能量市场的关系、结算价格构成和分摊方式等方面进行了对比。

由此可以总结出以下以几方面的共性和规律：

（1）电力辅助服务市场的模式与电力市场总体模式，尤其是电力最终的平衡方式紧密相关。

表 13-1 国外典型辅助服务市场比较

国家/地区	美国（ISO/RTO）	英国	澳大利亚（NEM）	北欧
电源结构	燃气、燃煤占主导，风电、光伏增长迅速	燃气占主导，燃煤逐步退役	燃煤占主导，风电、光伏增长迅速	互补性强（挪威：水电，瑞典：核电、水电，芬兰：核电，丹麦：风电）
电力市场总体模式	集中式市场	分散式市场	集中式市场	混合型市场分散式向集中式过渡
电力最终的平衡方式	日前+实时市场全电量竞价	双边交易+平衡机制	预出清+实时出清	日前+日内+平衡市场
辅助服务产品类别	运行备用（AGC、备用）、无功电压控制、黑启动	频率响应、备用、无功服务、黑启动	调频控制、备用、网络支持、系统重启	调频、备用、调压、黑启动
管理机构	ISO/RTO	National Grid ESO	AEOM	各 TSO
获取方式	集中竞价（运行备用）；双边协商（无功、黑启动）	招标、双边合同	集中竞价（调频、负荷跟踪）、双边合同	集中竞价（调频、备用）；双边协商（调压、黑启动）
与电能量市场关系	联合优化	单独采购	联合优化	单独出清
结算价格构成	容量价格+调用价格/里程价格	可用价格+调用价格	可用价格+调用价格	容量价格+能量价格（除一级控制）
分摊方式	用户分摊	电网用户（含于输电价格）	发电企业、用户比例分摊	用户分摊

在以美国 ISO/RTO 市场为代表的集中式市场下，现货市场以全电量竞价的方式开展，最终的电力平衡通过现货市场中的实时市场实现，有功类辅助服务（调频、备用）具备了由调度交易机构组织开展实时集中竞价市场的有机条件，能够实现较高的短期运行效率。在以英国为代表的分散式市场下，大部分电量以双边交易为主，最终的电力平衡通过平衡机制实现，辅助服务由负责电力平衡的系统运营商在较长的时间段通过招标或双边合同进行采购，更受关注的是通过市场主体的分散决策来实现电力经济系统的长期效率。

（2）在产品体系方面，各国家或地区的电力辅助服务交易品种各不相同，按用途总体可分为有功类辅助服务、无功类辅助服务和事故应急及恢复服务。

电力辅助服务品种定义与电力工业特点和电力系统调度运行方式有着密切的联系，因国家或地区而异。有功类辅助服务的主要作用是保持系统频率在一定安全范围内，包括一次调频、AGC 和各种类型的备用服务。无功类辅助服务的主要作用则是维持无功功率的平衡，使电压保持在一定安全范围内，具有局部特性。随着技术进步、电源结构演化，尤其是新能源的大规模接入，爬坡、系统惯量（inertia）等新型辅助服务产品也在不断发展。

（3）成熟的辅助服务市场是由电力用户驱动的，辅助服务交易的本质是辅助服务责任的转移匹配。

作为辅助服务的最终受益者，电力用户是辅助服务责任的最终承担者。系统运营商将辅助服务的责任和义务分配到用户（通常为负荷代理商），用户通过自提供、双边协议或由系统运营商代理统一采购三种方式来实现自身责任。由于大多数用户并不具备提供辅助服务的能力，实际系统中辅助服务主要由发电机组等具备灵活性调节能力的资源承担，因此产生了辅助服务责任的转移。

在系统统一采购方式下，有功辅助服务由调度交易机构组织实时集中竞价市场进行购买，或由输电系统运行商通过招标或双边合同方式获取；无功类和黑启动等辅助服务通常以双边合同形式提前较长时间采购。

（4）在集中竞价的辅助服务市场中，调频、备用服务通常与电能量市场联合优化出清，从而实现系统运行成本的进一步优化和辅助服务机会成本的补偿。

调频、备用服务的提供与电能量市场强相关。一方面，全电量竞争现货市场中的出清模型提供了集中优化提供电能量、调频和备用容量的技术条件；另一方面，联合优化出清体现了三者在技术上的互斥性，反映在经济上则体现为提供调频和备用服务容量的机会成本，能够从整体上为市场主体提供更为全面精准的价格信号。

（5）市场化的辅助服务价格形成机制是辅助服务市场机制的核心。

在成熟的电力市场中，辅助服务的价格由供需双方决定。从供给侧看，完整的辅助服务价格信号应起到两方面作用，既要支付辅助服务的提供者其容量备用的费用，也要对实际调用这部分容量所产生的费用进行合理补偿。其中，备用服务的价格应包含容量价格和实际调用的能量价格，两者都与电能量价格强相关。对于调频服务，则表现为容量价格和里程价格，考虑综合性能指标，体现按效果付费的原则。从需求侧看，辅助服务市场应具有良性的价格传导机制，无论是需求侧分摊还是需求侧和发电侧共同分摊，辅助服务采购费用的分摊都遵循"责权对等""受益者/引致者承担"这一基本市场逻辑。

13.2 我国辅助服务市场发展现状

伴随着我国电力体制改革的逐步推进，我国电力辅助服务管理经历了无偿提供、计划补偿和市场化探索三个主要阶段：（1）无偿提供阶段：2002 年以前，我国电力工业主要采取垂直一体化的管理模式，由系统调度部门统一安排电厂和电网的运行方式，没有单独的辅助服务补偿机制。（2）计划补偿阶段：2002 年"5 号文"出台，实行厂网分开。为协调各方利益，2006 年原国家电监会印发《并网发电厂辅助服务管理暂行办法》（电监市场〔2006〕43 号），各区域电监局相继出台辅助服务管理实施细则（与并网运行管理实施细则并称"两个细则"），规定了辅助服务的补偿、考核以及费用分摊等规则。（3）市场化探索："9 号文"出台，进一步深化电力体制改革，提出"管住中间、放开两头"的体制框架。东北、山西、福建、山东、新疆、宁夏、广东、甘肃等 8 个辅助服务市场开展改革试点，辅助服务市场机制在全国 14 个地区启动。

产品体系方面，辅助服务范围包括一次调频、自动发电控制（AGC）、调峰、备用、无功调节和黑启动服务等。在现阶段，各地主要围绕调峰开展辅助服务市场建设，部分地区开展了调频、备用市场，除此之外的大部分地区调频、备用、无功调节和黑启动等服务仍主要延续"两个细则"的补偿方式。

市场范围方面，大部分调峰市场形成了省级、区域两级市场结构，如东北、西北、华北、华东、华中。与现货市场建设相协同，调频辅助服务市场有区域级市场（南方：广东、广西、海南）和省级市场（甘肃、山西、山东、内蒙古、浙江、江苏等）两种形态。备用辅助服务市场主要以区域市场展开（东北、华东）。

补偿机制方面，目前政策补偿机制与市场机制并存，以政策化补偿机制为主，市场化价格形成机制不断完善。政策化补偿机制体现为"两个细则"，以"补偿成本、合理收益"为原则。大部分调峰市场价格机制为分档报价、分档出清，调峰服务报价范围遵循成本原则，补偿机制仍为调峰市场的基础机制。机组因提供调峰、调频、备用服务的机会成本没有通过与电能量的耦合得到动态合理补偿。

分摊机制层面，主要为发电侧内部分摊，即先根据补偿规则计算需要获得的辅助服务补偿总量，再将所需补偿的费用与各发电主体分摊，属于对发电侧收益的二次分配。部分省区在分摊主体和比例上进行了一定的创新。例如，东北区域对上网电量的修正系数进行了优化；华北区域提出待条件具备后引入双边报价机制，定期向域内新能源发电企业询价，采用双向竞价或价格敏感性申报方式开展交易并确定中标量。

13.3 国外实践对我国辅助服务市场建设的启示

我国电力辅助服务市场仍在完善发展阶段，现实国情、电源结构、电力工业体系与电力市场改革国家存在差异，成熟的电力辅助服务市场实践对于我国电力市场和辅助服务市场建设具有一定借鉴意义：

（1）完善的辅助服务市场是完备电力市场的重要组成部分。

在国外成熟完备的电力市场体系中，辅助服务的市场机制是必备要素。在我国推进电力体制改革进程中，建立健全辅助服务的市场机制是还原电力商品属性的必要环节，是保障系统安全运行和电能质量、提高电力经济系统效率的必要手段。同时，推动包括有序放开发用电计划、电力市场建设、输配电价改革在内的电力体制改革，也有助于为辅助服务市场建设提供必要的市场与政策环境和技术条件基础，同时也有助于培养市场主体意识。

（2）现货市场下的辅助服务市场以备用服务为核心，而我国现阶段辅助服务交易仍会以调峰服务为主。

调峰服务是我国特有的辅助服务市场交易类型，其目的是实现电能量现货市场建立前的日内负荷跟踪。现阶段，我国电力市场体系仍以中长期电能交易为主，电力现货市场只在部分地区开展试点，市场化的电力平衡机制并未最终建立。调频、备用等辅助服务与电能量强相关，集中竞争式的采购市场需要以完善的电能现货市场为前提，现货能量市场建立前提供服务的机会成本难以通过与市场化电力平衡机制的耦合得到价值体现。

（3）辅助服务市场与电能量市场的耦合协调能够合理补偿提供辅助服务的机会成本，进一步优化系统运行效率。

对采用集中式电力市场模式的地区，应加快落实现货市场试运行成果，做好电能量、调频、备用市场的协调衔接，最终实现辅助服务市场与电能量市场的联合优化出清，使得三者的分时价格信号准确反映电力资源的经济价值和机会成本，提高系统整体运行效率。

（4）辅助服务市场机制能够提供完善的辅助服务价格信号，保障整体电力市场和电力系统的良好运行。

还原电力的商品属性包括还原辅助服务的商品属性，市场机制下辅助服务的价格应由供需关系决定，体现边际定价原则。静态的辅助服务补偿标准只能发挥短期和局部的作用，无法实现系统提供辅助服务的成本最小化，在新形势下愈发难以适应整个电力经济系统的动态性、长期性和系统性。同时，辅助服务费用分摊应遵循"责权对等""受益者/引致者承担"的原则，理顺辅助服务的价值链和价格传导机制，提高发电侧和需求侧共同的市场意识。

（5）区域级辅助服务市场有利于促进灵活性资源在更大范围内互济协同。

相比以省为范围的市场，区域级市场有利于削弱和打破壁垒，发挥资源互补优势、进一步挖掘优化配置潜力，在不新增社会成本的情况下保障系统安全稳定运行、实现可再生能源消纳目标。因此，在建设辅助服务市场时，应借鉴美国跨州 ISO/RTO 市场和北欧市场的经验，合理设置市场范围，为区域各类型电源共享资源、分担责任、互利共赢提供市场平台。

（6）构建以新能源为主体的新型电力系统需要优化和发展辅助服务市场机制。

气候变化和碳减排是全球电力工业共同面临的挑战，随着可再生能源比例的不断提升，电力系统运行呈现新的特点。为此，国外电力市场已开始着手辅助服务市场的改革，以适应大规模间歇性可再生能源的接入、应对不断提高的系统灵活性需求。我国正在构建以新能源为主体的新型电力系统，完善辅助服务市场机制有利于加快传统电源的转型，公平保障各类型市场参与者的利益诉求。同时，借鉴国外经验，可适时丰富辅助服务的产品体系、包容灵活性新兴技术，将需求侧和新能源引入辅助服务市场，探索建立传统电源与新能源同台竞争的新型辅助服务市场平台。

第14章　成熟电力市场化国家抽水蓄能电价机制及其启示

2020年9月22日，习近平总书记在第七十五届联合国大会一般性辩论上宣布，中国将采取更加有力的政策和措施，二氧化碳排放力争于2030年前达到峰值，努力争取2060年前实现碳中和。12月12日，习近平总书记在气候雄心峰会上进一步宣布，到2030年，中国单位国内生产总值二氧化碳排放将比2005年下降65%以上，非化石能源占一次能源消费比重将达到25%左右，风电、太阳能发电总装机容量将达到12亿千瓦以上。

在"碳达峰、碳中和"目标要求下，"十四五"时期，构建以新能源为主体的新型电力系统已成为必然选择。为了平抑风电、光伏等不确定性电源对电力系统运行的影响，作为现阶段最为成熟的灵活性调节技术，抽水蓄能将是未来高比例可再生能源供给体系的重要组成部分。

在这一背景下，为了促进抽水蓄能产业的健康发展，破解现有电价机制存在的与市场发展不够衔接、激励约束机制不够健全等问题，2021年4月30日，国家发展改革委出台《关于进一步完善抽水蓄能价格形成机制的意见》（发改价格〔2021〕633号），对当前市场建设阶段抽水蓄能电站的电价机制进行了总体性的制度安排，为兼顾抽水蓄能产业发展与参与市场竞争之间的协调关系提供了必要的制度保障。

他山之石，可以攻玉。随着电力市场改革的继续深化，可以预料，抽水蓄能电站的电价机制也将随着电力市场建设的向前推进而逐步完善。为此，本章对英国、美国、欧盟等典型电力市场化国家或地区的抽水蓄能电站电价机制开展研究工作，以期通过对上述国家或地区抽水蓄能电价机制发展实践的归纳和总结，前瞻性地得出有助于下一阶段我国抽水蓄能电价机制进一步完善的经验和启示。

14.1　典型市场化改革国家抽水蓄能电价机制

从国外实践经验来看，在竞争性电力市场国家或地区，由于电力市场模式的差异，抽水蓄能电站的运营模式体现出明显的差异化特征：在以英国为代表的分散式市场，抽水蓄能电站主要通过签订场外中长期合约的方式实现其成本回收；而在集中式特征较为明显的电力市场中，抽水蓄能电站根据其提供的功能，参与电能量市场及辅助服务市场竞争获得相应收入。其中，调峰填谷功能通过参与电能量市场竞争、峰谷价差套利的方式实现价值体现；辅助服务功能则通过参与辅助服务市场的方式获得相应收入。

14.1.1　英国

英国是分散式电力市场的典型国家，电力交易以发电商与用户的双边交易形式为主，双边交易电量在总交易电量中的占比超过 90%。为了便于双边交易的物理交割，所有的双边交易合同须在关闸前（目前为市场启动前一个小时）向市场运营机构提交该交易时段的出力（用电）计划。

由于负荷预测偏差、局部输电阻塞等因素，实际调度时段的电力平衡总会与出力（用电）计划存在一定偏差，此时需要平衡机制和辅助服务市场作为市场的必要补充，以解决电量不平衡问题。在英国电力市场中，平衡机制和辅助服务由英国国家电网（National Grid）统一负责采购。其中，平衡机制的交易电量约占 3%~5%。在平衡机制中，发电商申报 Bid/Offer。其中，Offer 表示机组增加出力的报价，Bid 表示机组降低出力的报价。英国电网调度机构根据系统运行需要，以购电成本最低为目标进行平衡市场的服务采购。

在这一市场模式中，由于双边交易合同量的绝对性占比，可实现系统内的传统电源与用户对未来收入 / 用能成本的稳定预期。但对于以提供灵活性调节资源为主的电源类型抽水蓄能电站而言，由于平衡机制市场规模的不稳定性（不同交易日之间平衡市场规模存在明显波动性）以及价格波动性（价格取决于平衡市场的需求方向，通常 Bid 价格高于 Offer 价格），抽水蓄能电站难以在这一市场模式中产生稳定的收益预期。

因此，为保障抽水蓄能电站的合理收益，英国电力市场专门制定抽水蓄能机组的电价机制，明确抽水蓄能电站收入包括固定收入（固定部分）与平衡机制收入（变动部分）两部分。

（1）固定部分

固定部分又称容量补偿，以抽水蓄能电站与英国国家电网签订的年度合约形式固化。主要补偿抽水蓄能电站在系统中两个方面的效益：

一是对承担电网辅助服务效益，即快速响应、调频调相、黑启动以及备用等作用的补偿，该补偿按辅助服务机制计算得出，按年一次性支付；

二是对于抽水蓄能机组根据调度要求，参与调峰填谷，保障了基荷机组的平稳运行、提高了基荷机组的经济效益等所作贡献的补偿，该补偿签订年度合同明确固定电量和固定电价。

在英国电力市场中，固定部分收入约占抽水蓄能电站全年总收入的 70%~80%，其中辅助服务补偿费约占固定部分收入的 70%。

（2）变动部分

在根据英国国家电网调度要求，预留相关辅助服务及调峰填谷容量外，抽水蓄能电站的剩余容量可通过自主参加平衡市场获得一部分变动收入，这部分收入随着不同时段、不同报价而变动，完全依靠市场需求和竞价交易获得。变动收入占抽水蓄能电站全年总收入的 20%~30%。

典型案例：英国迪诺威克抽水蓄能电站装机容量为 180 万千瓦，是欧洲最大的抽水蓄能电站之一。该电站由国家投资兴建，1984 年投运，现由 Edison Mission Energy 公司独立经营。电站参与英格兰和威尔士电力市场竞争。电站年收入额基本维持在 1 亿英镑左右，年运营收入中辅助服务收费约占一半。

14.1.2 美国加州电力市场

美国加州电力市场是典型的集中式电力市场。其市场结构包括集中式的日前市场、实时市场以及辅助服务市场。其中，电能量市场与辅助服务市场耦合出清。

集中式电能量市场实现了不同时段电能量产品价值的货币化体现以及辅助服务机会成本的显化体现，即由于负荷特性的稳定性，每日高峰时段 / 低谷时段可产生稳定、可预期的高峰 / 低谷价格信号，而这对于抽蓄电站作为独立个体参与市场竞争是极为友好的。在这一市场中，抽蓄电站可通过参与电能量市场与辅助服务市场获得相应的收益，相对应的，其收入的主要来源包括参与辅助服务市场和现货市场峰谷套利。

典型案例：Helms 抽水蓄能电站位于美国加州西拉内华达地区，装机容量为 120 万千瓦。其年收入中约 40% 来自于峰谷套利（调峰填谷），辅助服务收入约占总收入的 60%。

14.1.3 欧盟

20世纪90年代以来，欧盟先后颁布了三个电力改革法案，推动成员国开展电力市场化改革，并同步推进电力行业一体化建设，促进成员国之间能源市场的开放融合，力争建成内部统一能源市场。目前，大多数欧盟国家电力市场已形成以现货市场为基础、辅助服务市场和金融市场为补充的市场机制，市场模式兼具集中式与分散式的双重特征。

其中，现货市场包括日前市场、日内市场与实时市场，日前市场、日内市场由电力市场所组织，实时市场则由各国ISO组织。日前市场采用"集中竞价，边际出清"方式，具有一定的集中式特征；日内市场采用的撮合交易方式以及实时市场采用的平衡机制方式则体现出明显的分散式特征。

在欧盟电力市场中，由于"集中竞价，边际出清"的日前市场的存在（峰谷价差信号的存在），抽水蓄能电站具备了独立参与市场竞争实现生存的基础条件。因此，在欧盟国家抽水蓄能电站一般作为独立市场成员，与其他电厂在市场上展开竞争。其收入的主要来源包括参与辅助服务市场和现货市场峰谷套利。

典型案例：奥地利普芬宁贝格抽水蓄能电站规划装机容量为3×150MW，项目预计2024年投产运营。根据该项目收购尽职调查报告的仿真结果，在当前市场价格水平下，机组将更多的容量投入辅助服务市场将获得更佳的收益（尽调报告中未拆解出调峰填谷及辅助服务的收入）。

14.2 主要启示

（1）抽水蓄能电站无论是在分散式电力市场还是集中式电力市场环境下均能实现生存，但在不同市场模式中运营模式存在明显差异。在分散式电力市场中，由于峰谷价差信号的隐化，为保障抽水蓄能电站的合理生存，需对其制订特殊的电价政策，如固定合约机制等；而在集中式市场环境中，抽水蓄能电站可作为独立个体参与市场竞争，通常不需为其设计单独的保障机制。

（2）从国外电力市场化改革国家或地区的实践经验来看，无论是分散式电力市场还是集中式电力市场，抽水蓄能电站能够独立参与市场竞争并实现生存的电力市场环境，至少包括以下两个必备要素：一是运行良好的现货市场，能够提供峰谷套利空间；二是完善的辅助服务市场，使抽水蓄能电站提供辅助服务的价值得到合理的体现。只有当上述两个条件同时得到满足时，抽水蓄能电站才具备完全推向市场的可能条件。

从国外实践来看，典型的抽水蓄能电站的其辅助服务收入均已占到其总收入的50%以上，调峰填谷收入则不足50%。而根据典型抽水蓄能电站运行工况估算，抽水蓄能电站在我国现行辅助服务政策框架下可实现的收入不足其年容量成本的 5%，与国外存在巨大差异。究其原因，成熟市场化国家辅助服务定价所基于的机会成本定价方法与国内辅助服务所基于的会计成本定价方法之差异是主因。这也表明，即使国内推进了电力现货市场建设，辅助服务市场若不能同步改革到位（辅助服务定价含机会成本信号），抽水蓄能电站作为独立个体参与市场竞争的条件同样并不满足。